How To Draw

Cute Staff

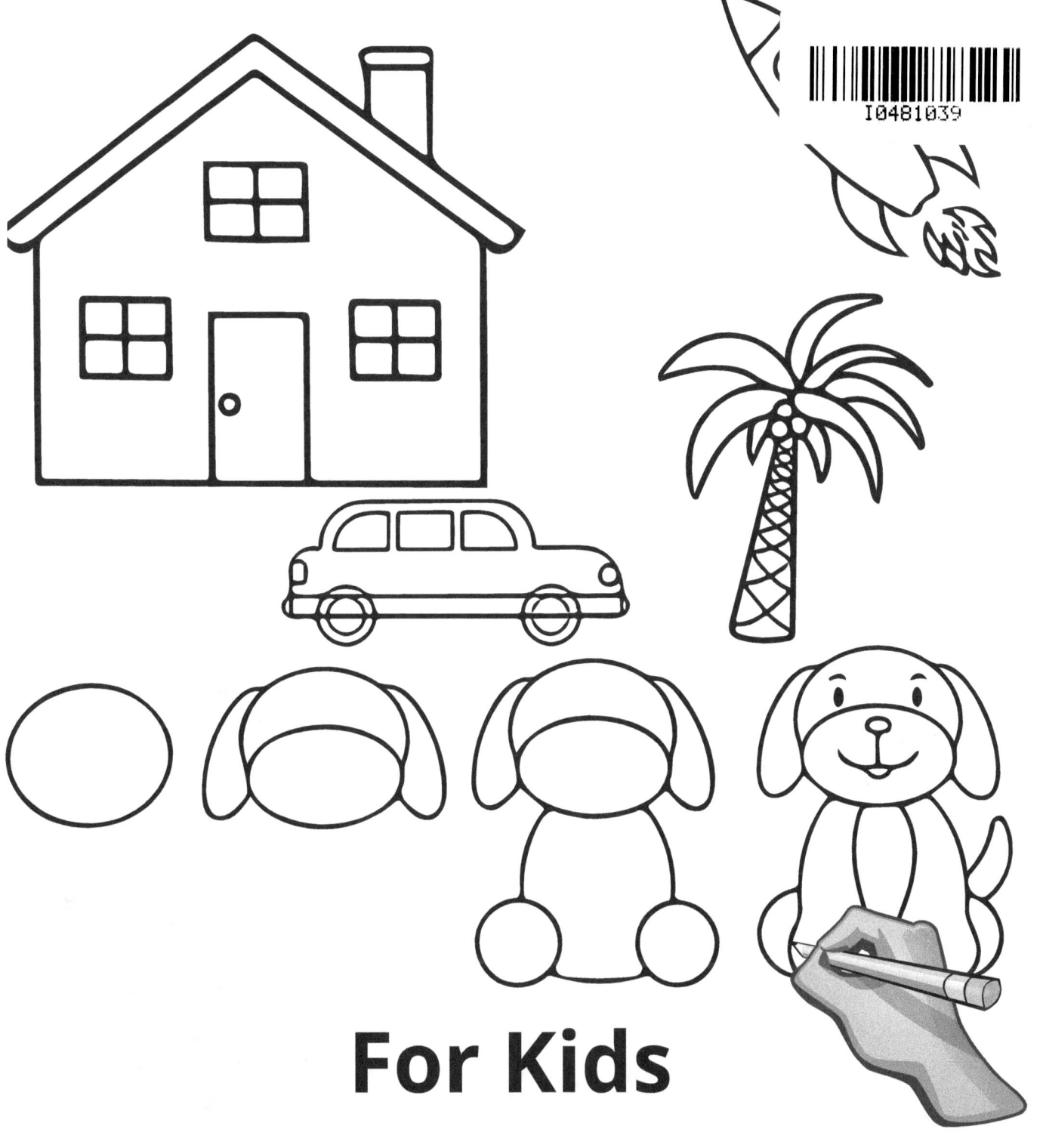

For Kids

1
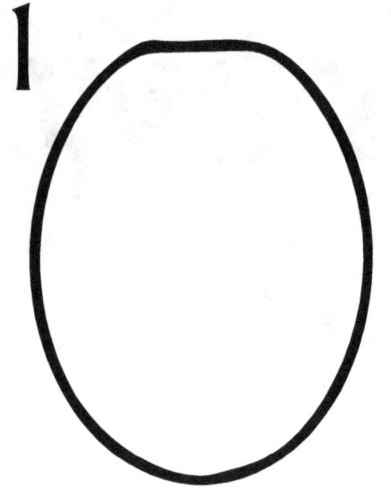

2
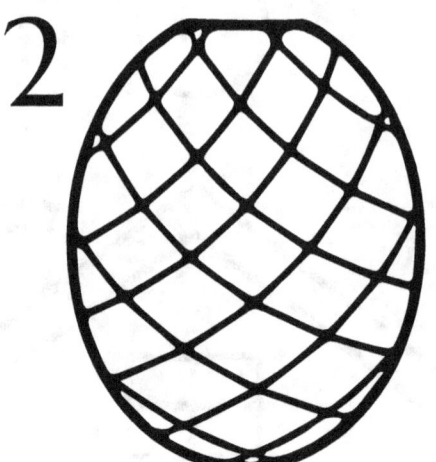

3
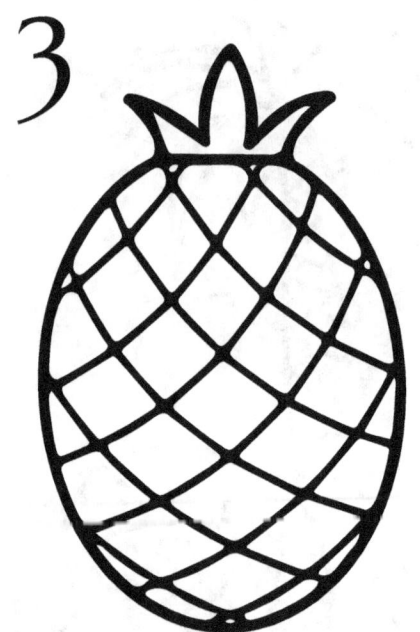

4
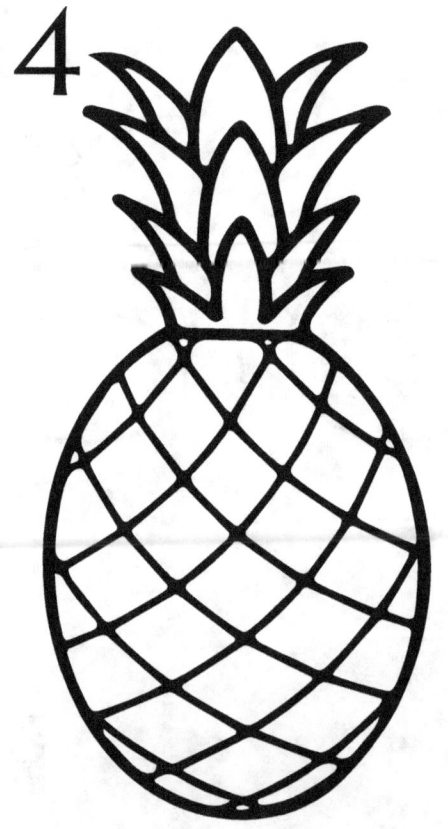

1

1

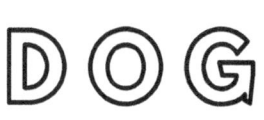

2

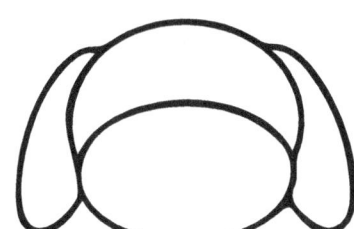

3

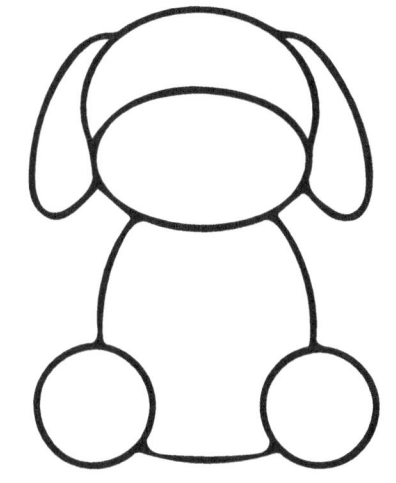

4

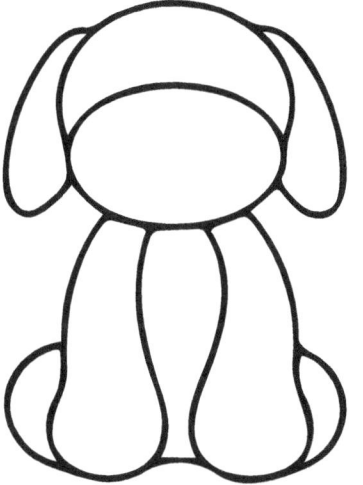

5

2

1

BURGER

2

3
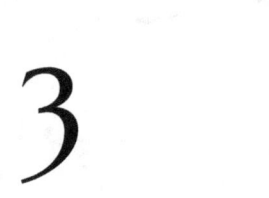

4
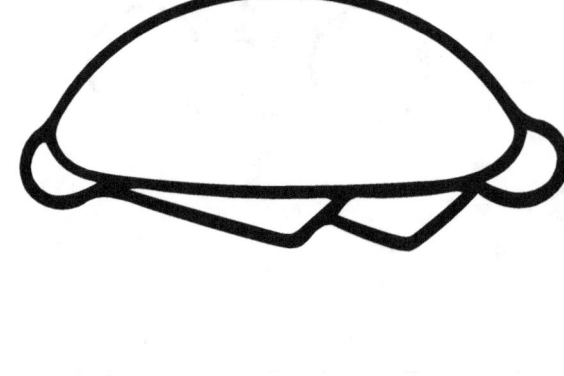

5
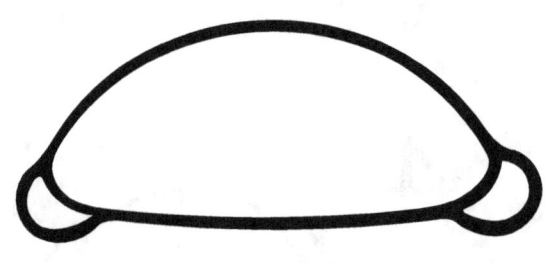

6
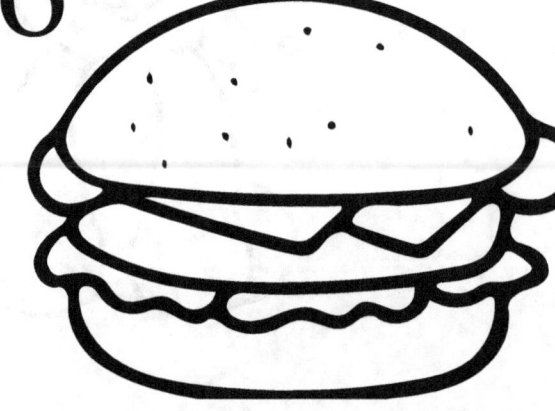

3

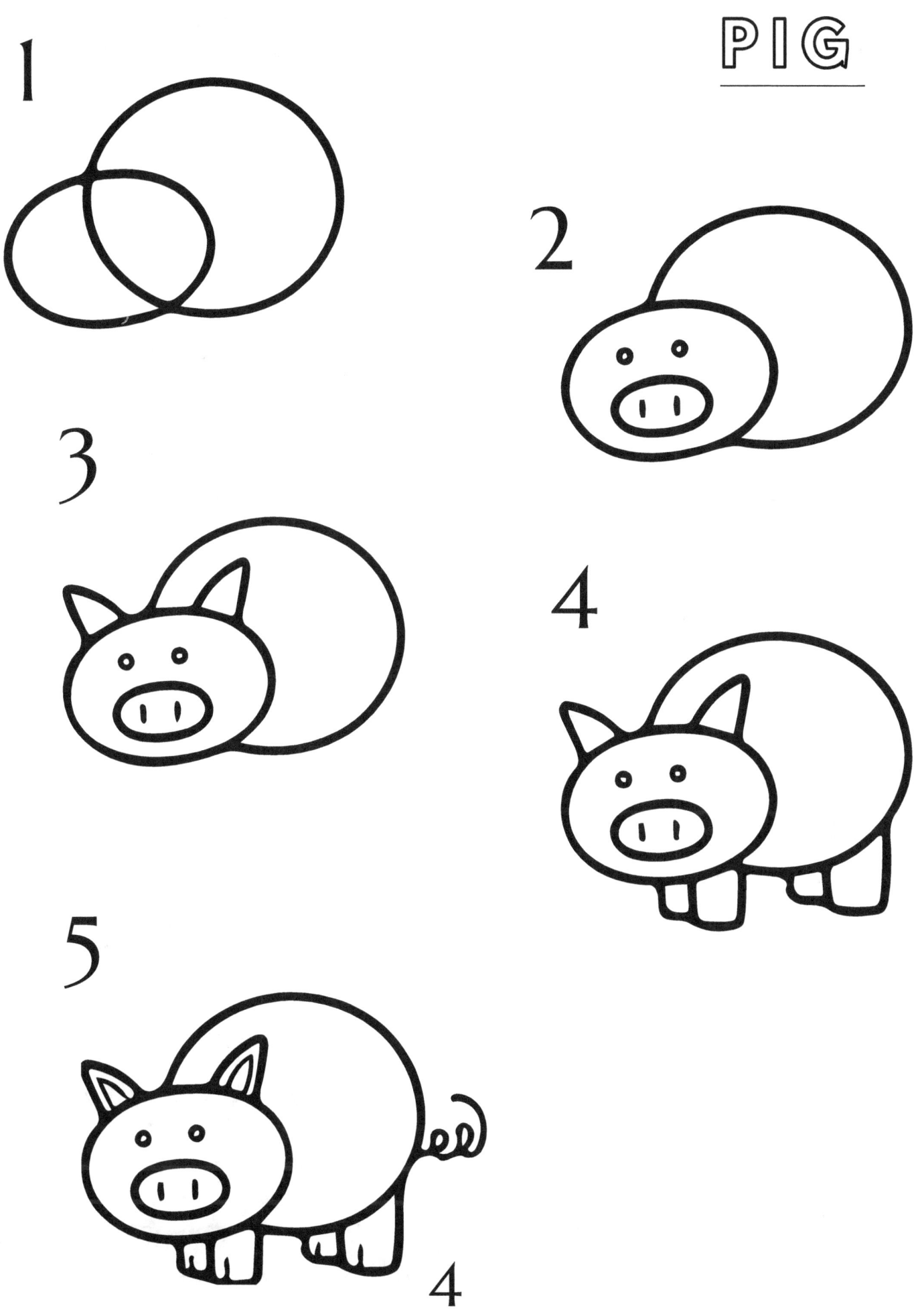

PIG

1

2

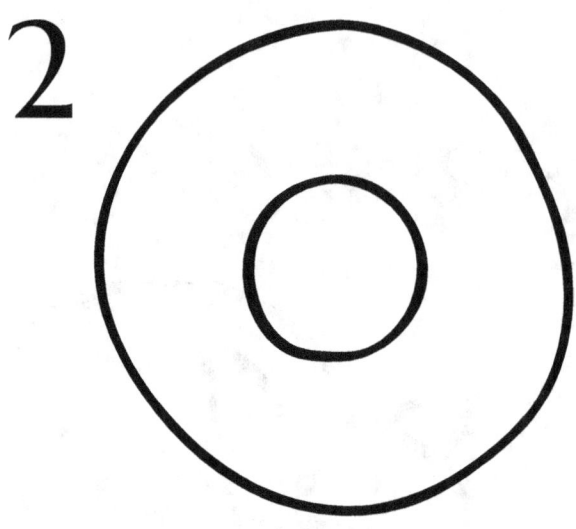

3

4

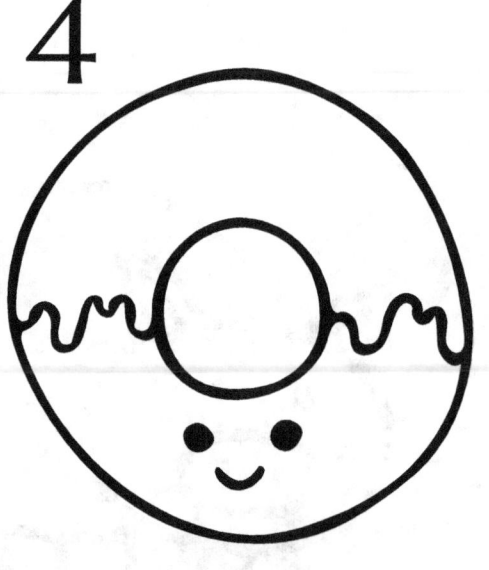

5

1

2

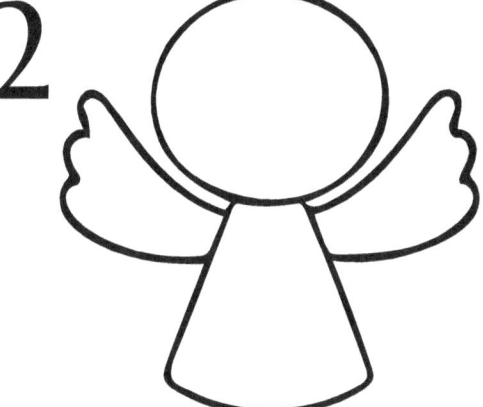

3

4

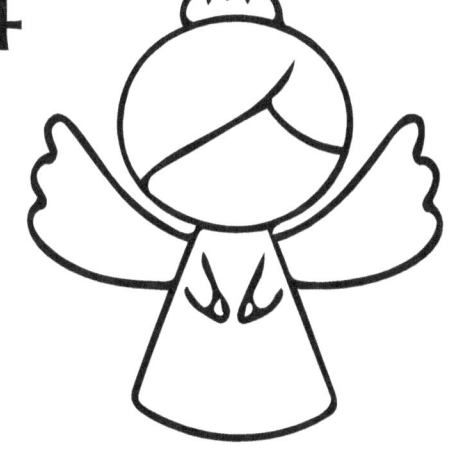

5

1

2

3

4

5

6

7

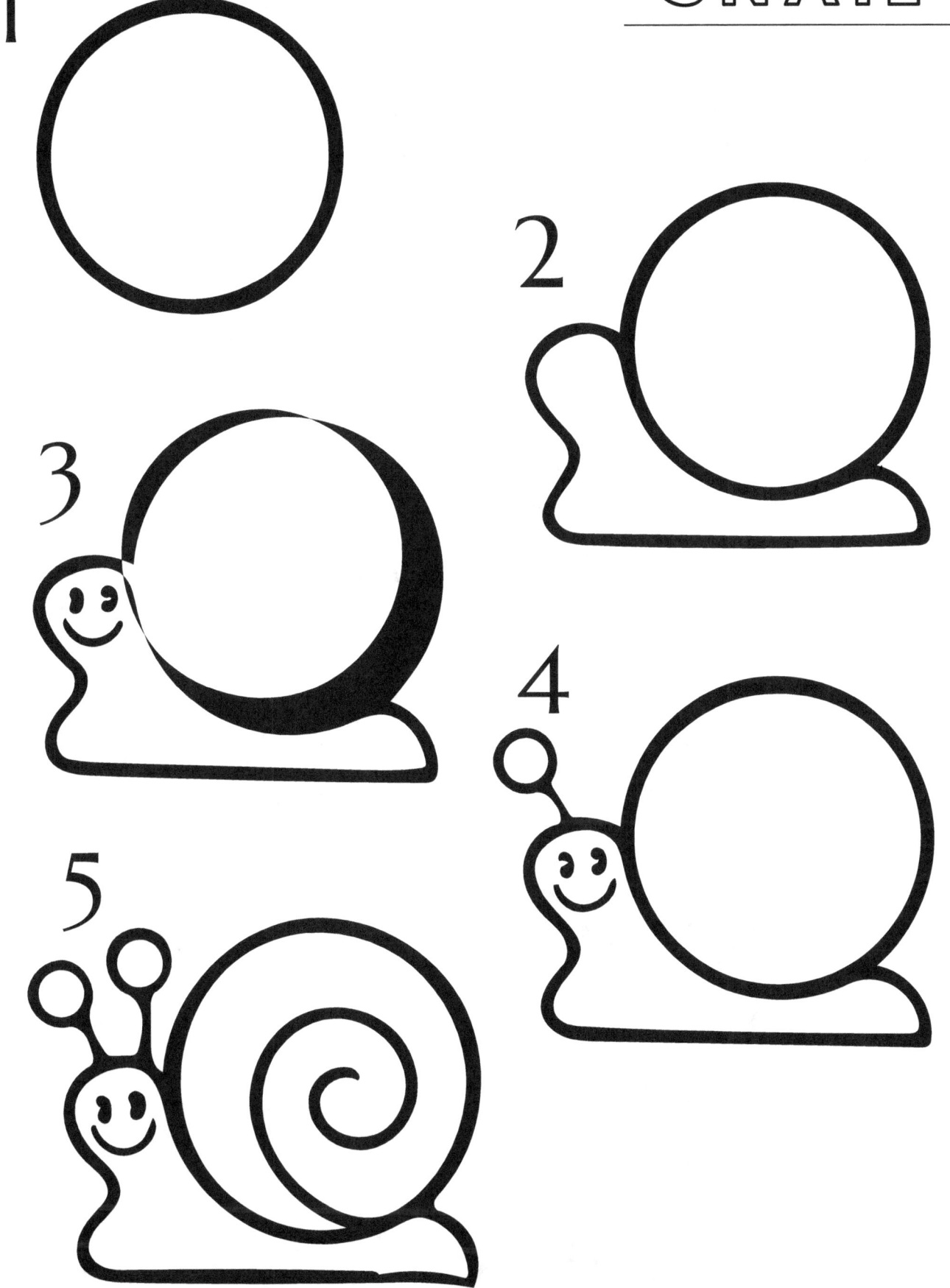

SNAIL

1

2

3

4

5

8

1

2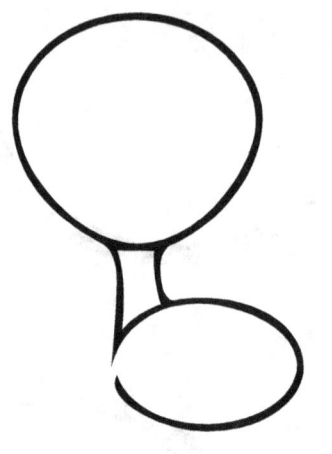

3

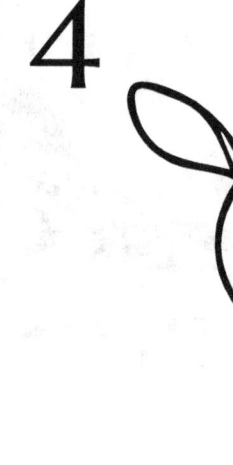

4

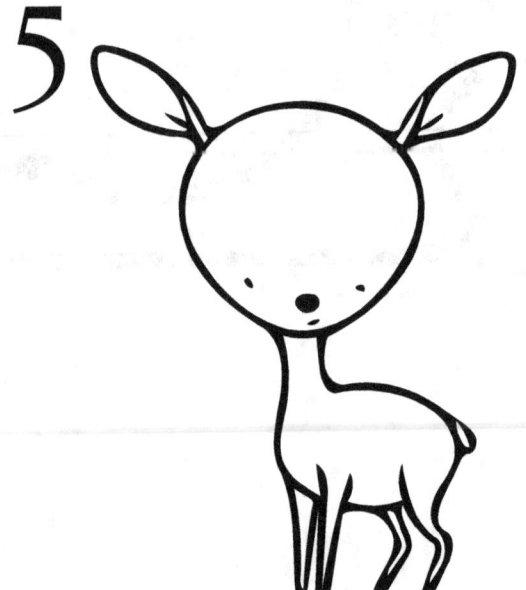

5

9

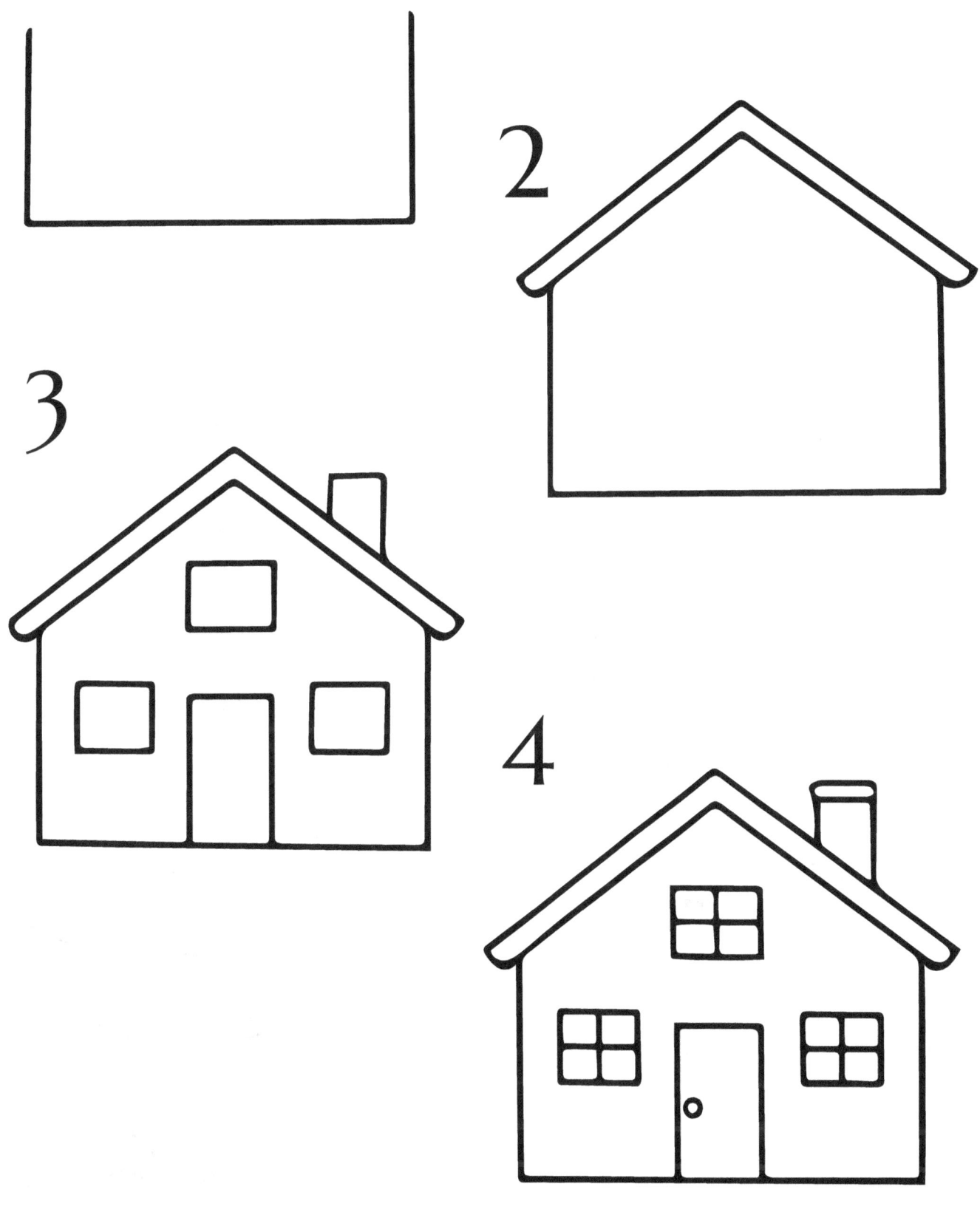

1

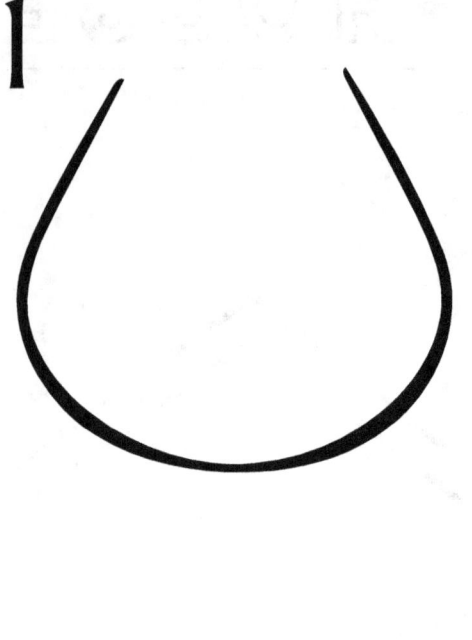

2

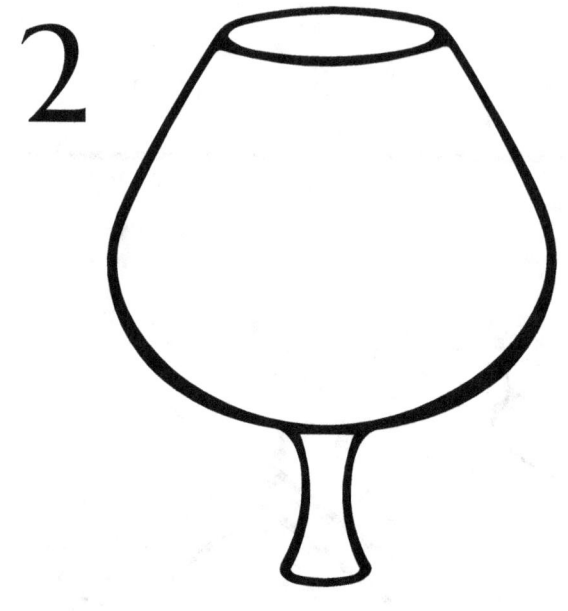

3

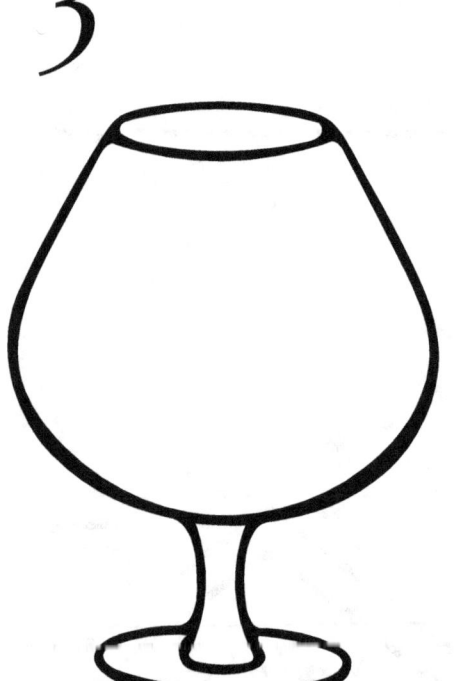

4

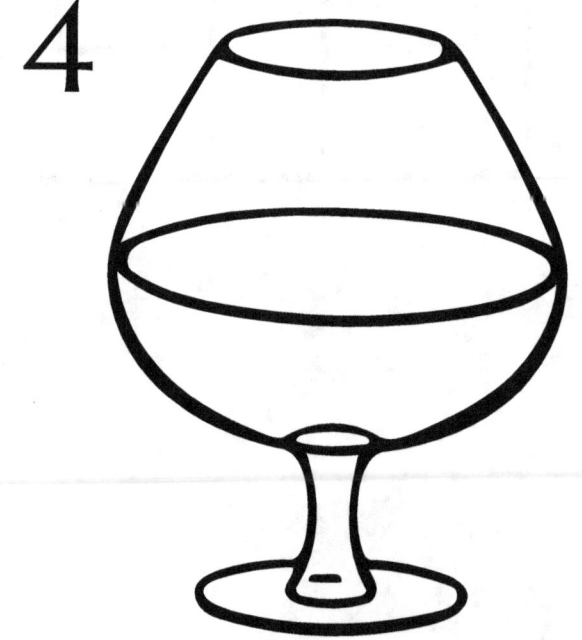

1

2

3

12

1

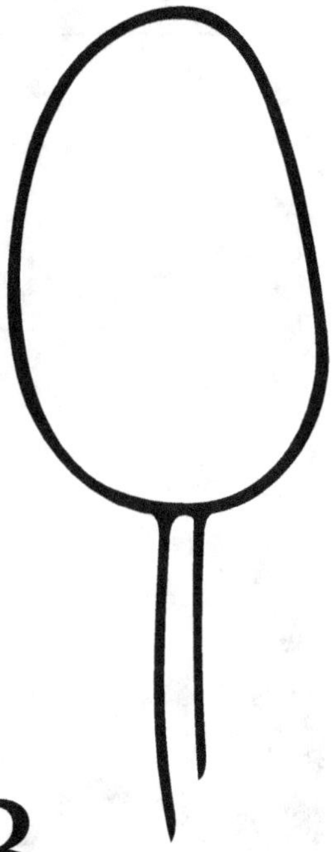

2

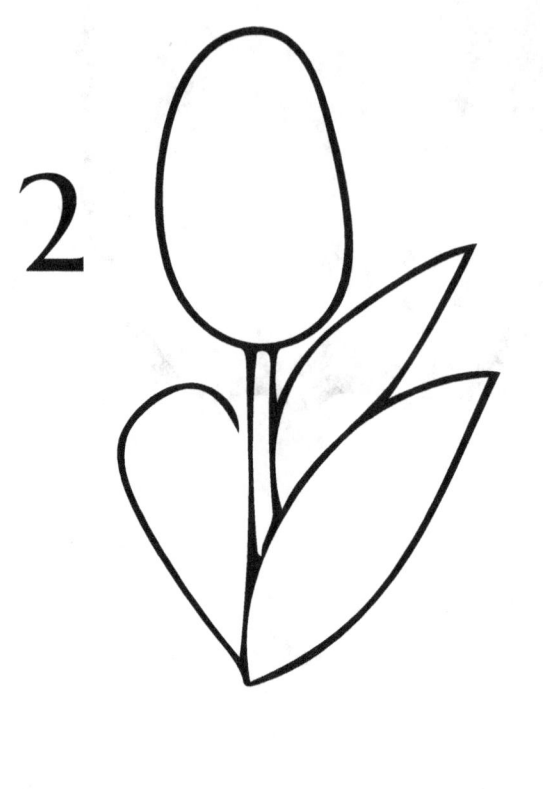

3

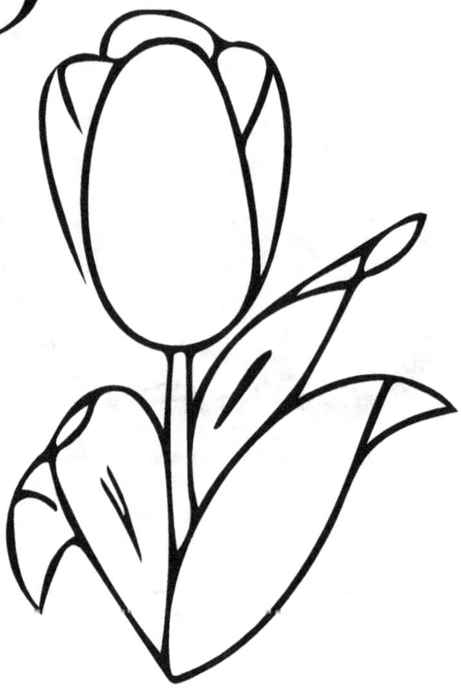

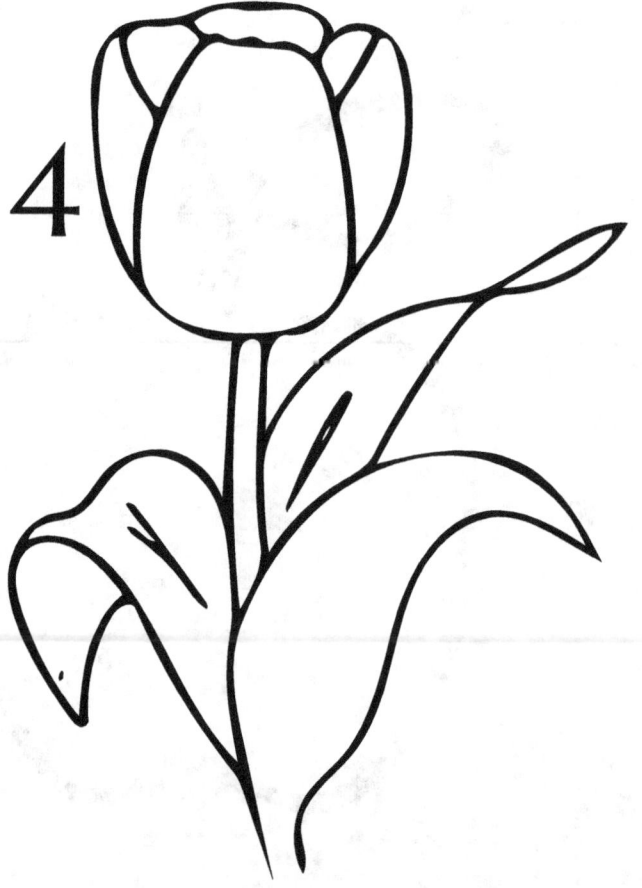

4

13

1

2

3

4

5

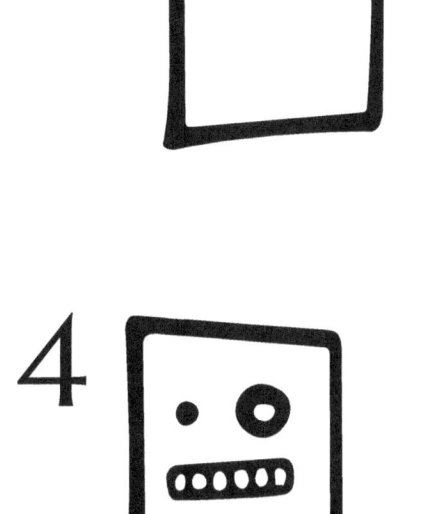

1

2

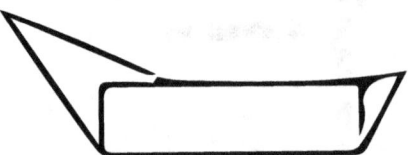

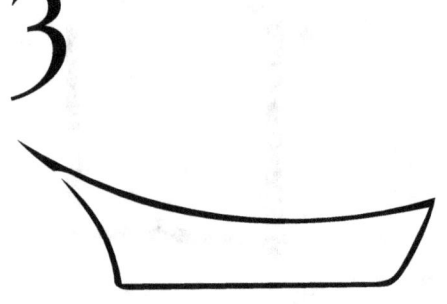

3

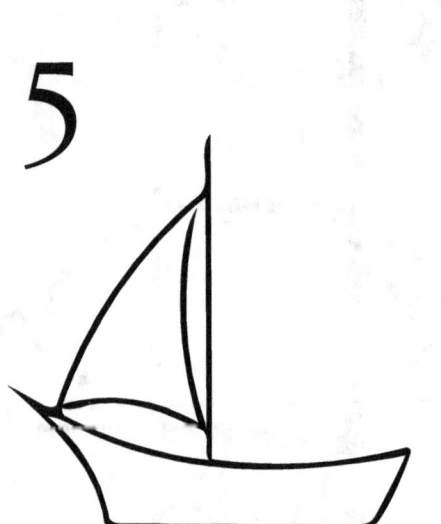

4

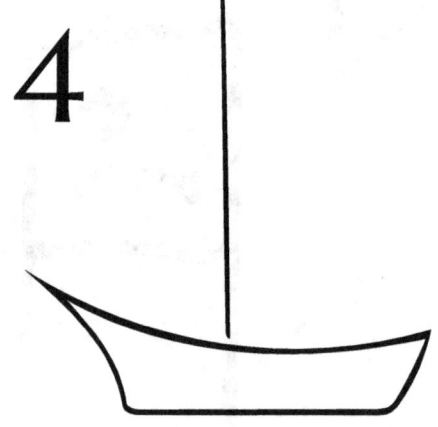

5

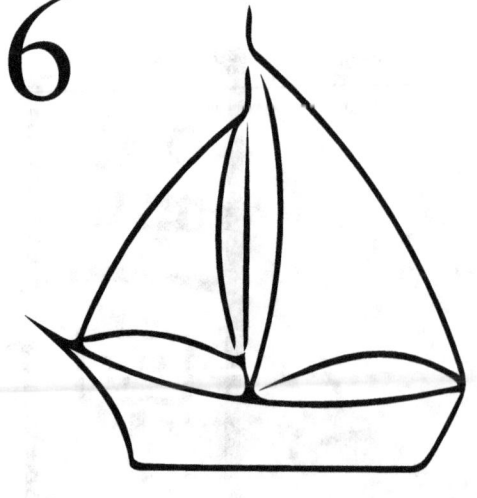

6

15

1

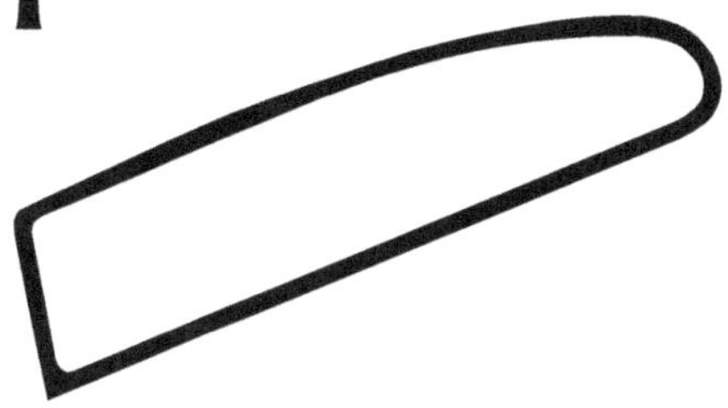

2

3

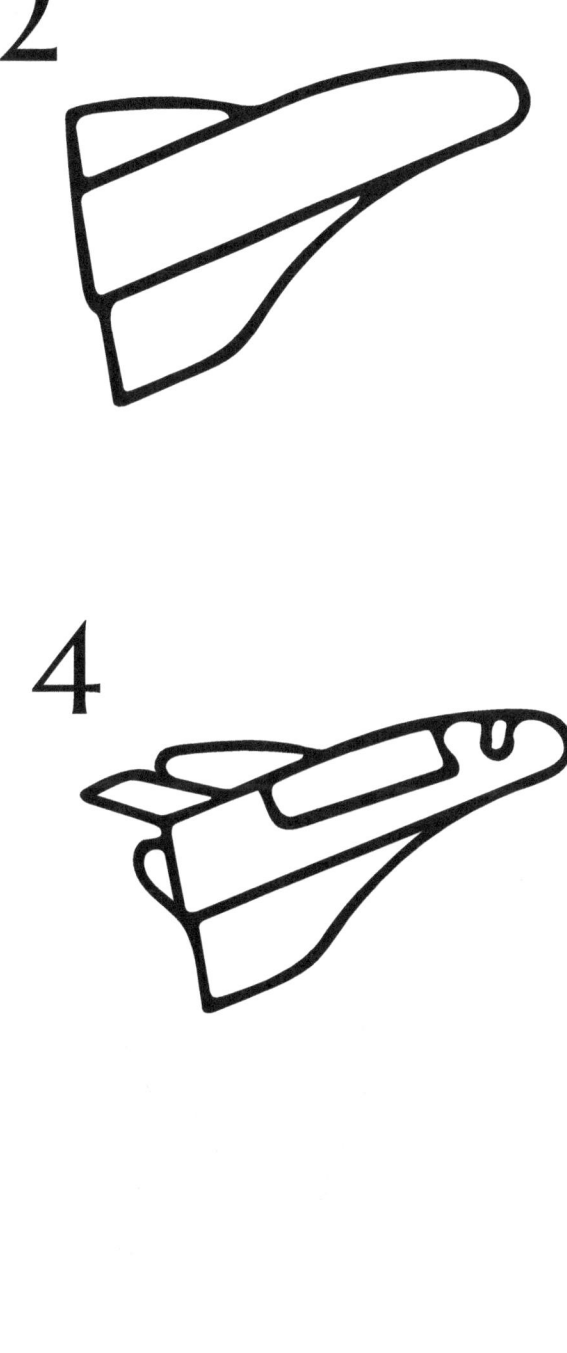

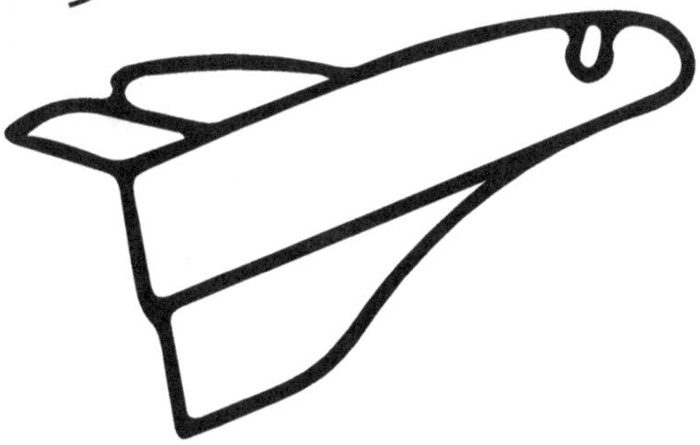

4

5

16

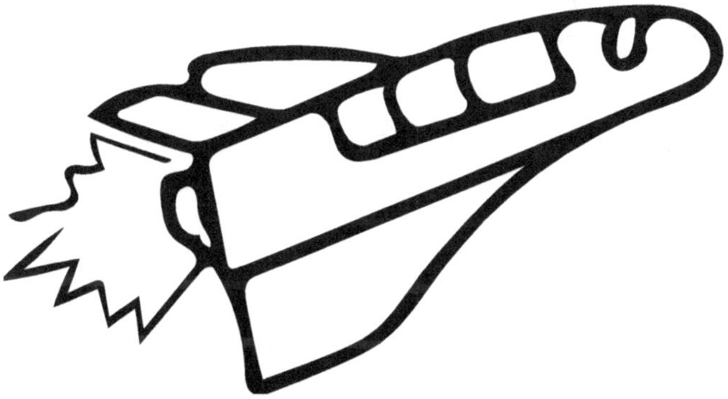

1

2

3

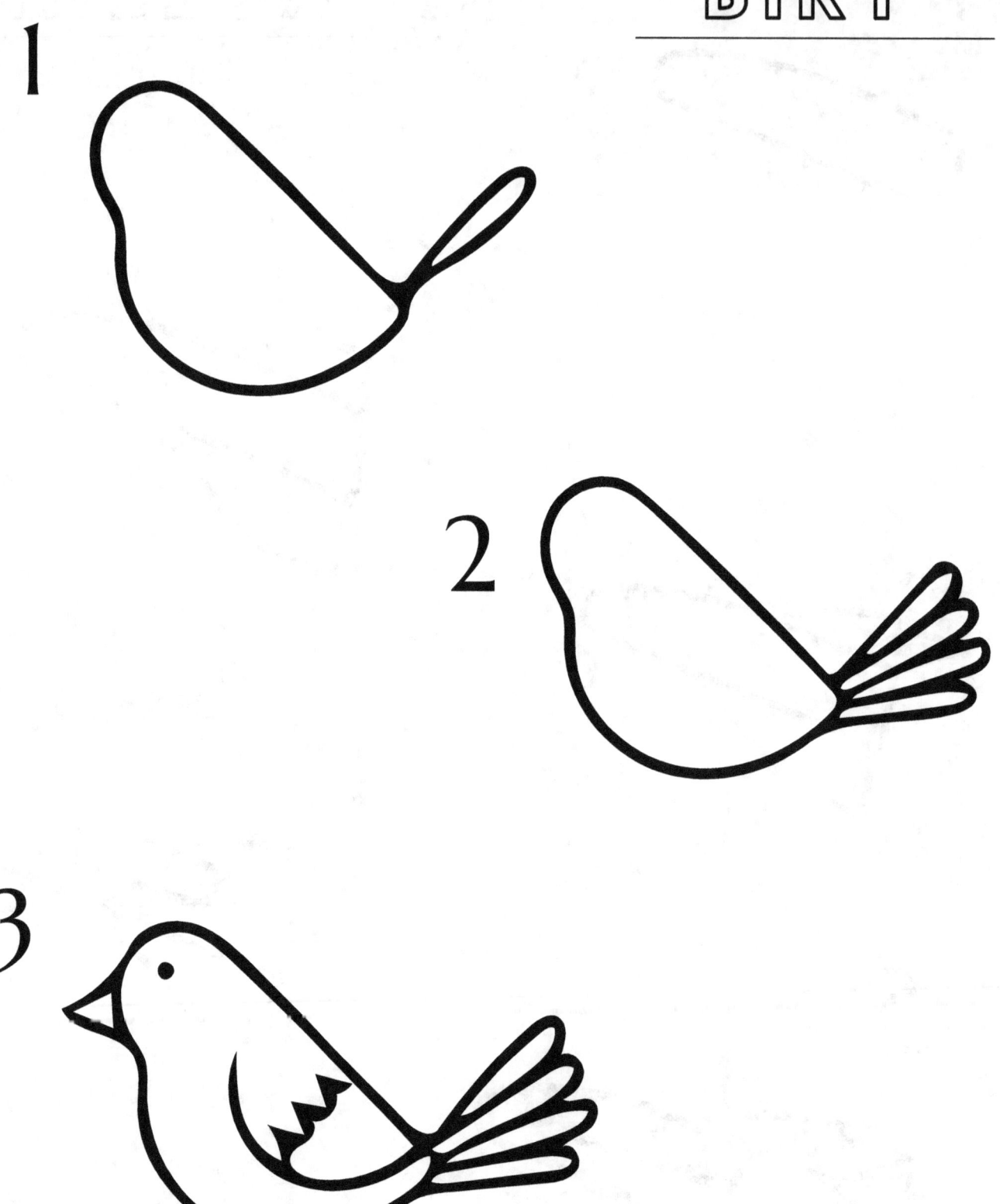

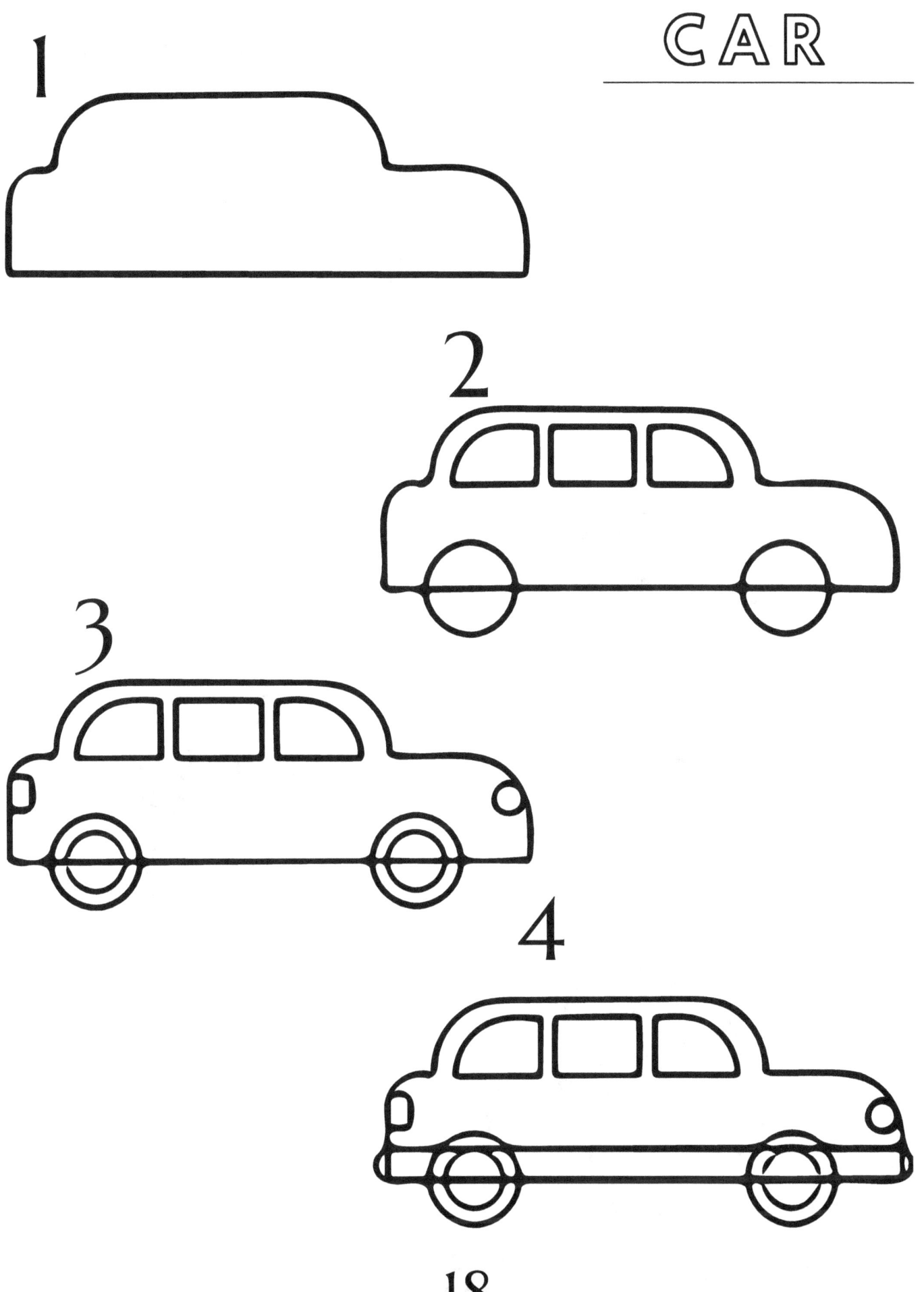

CAR

1

2

3

4

1

2

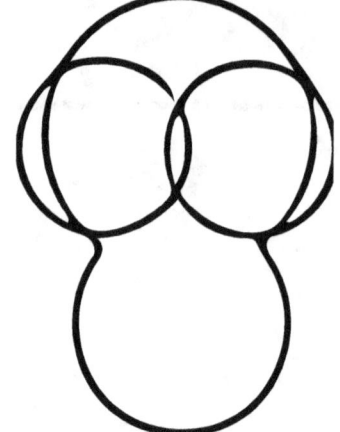

3

4

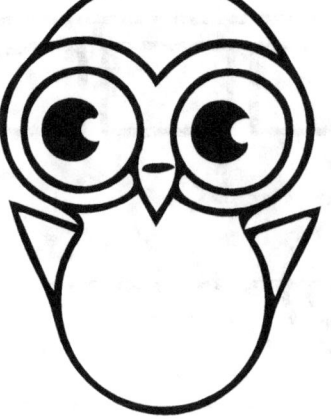

5

1

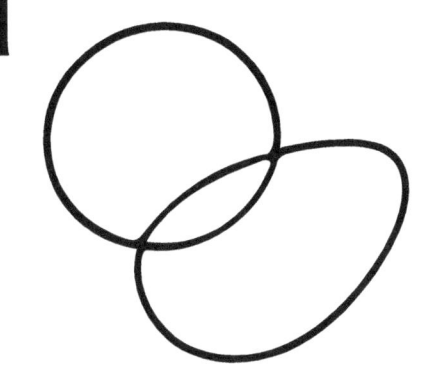

2

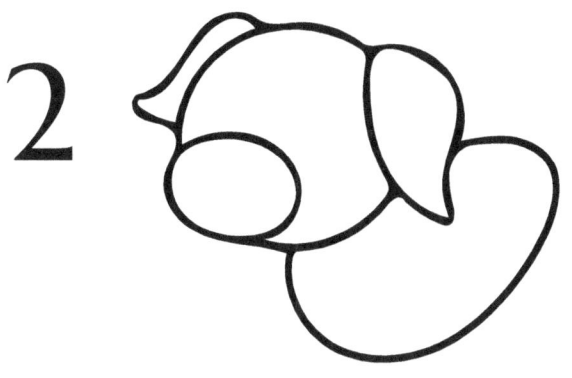

3

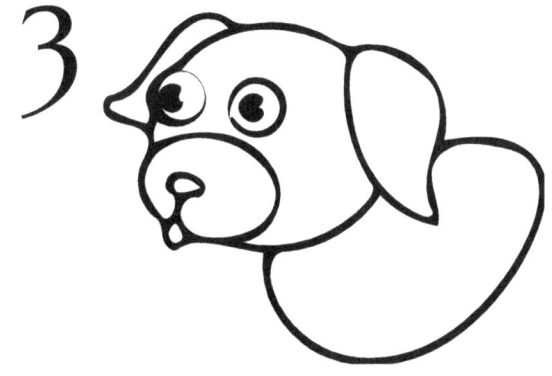

4

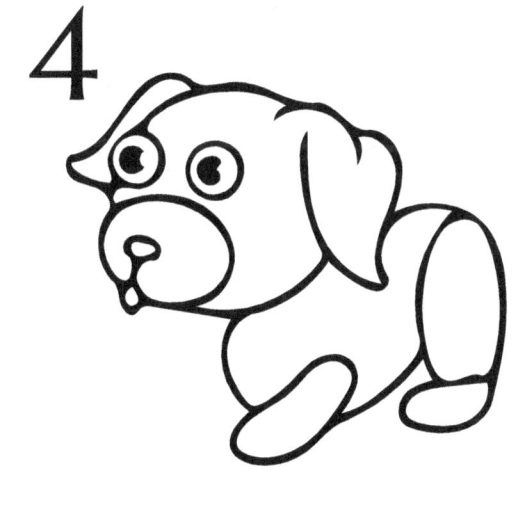

5

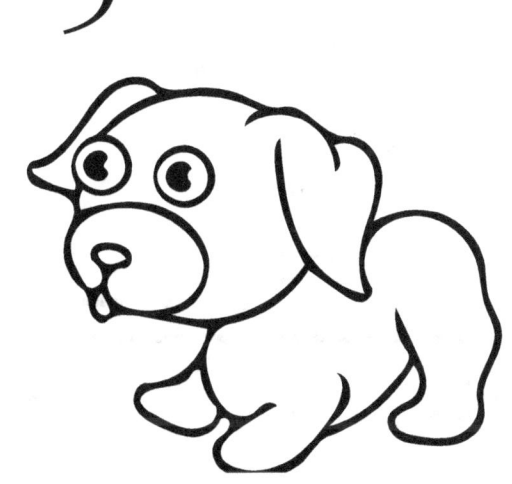

1

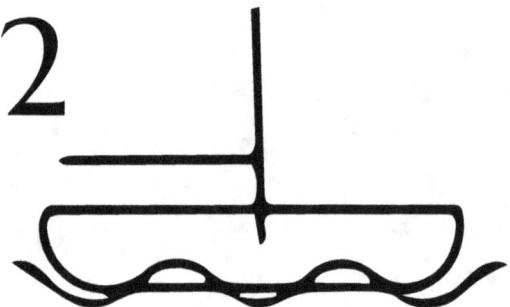

2

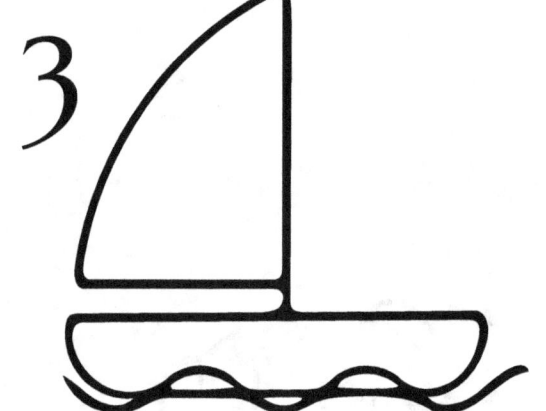

3

4

1

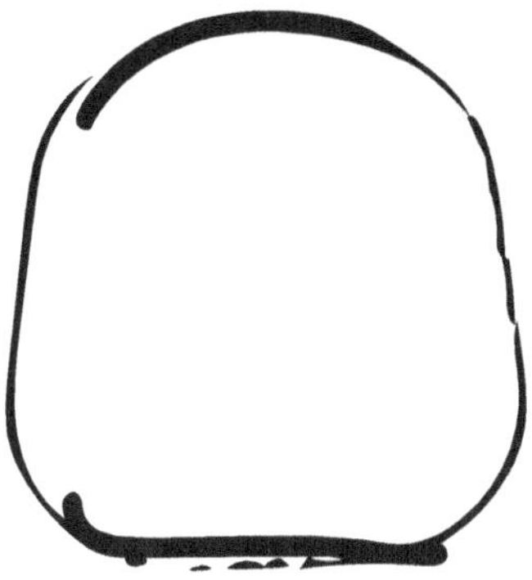

2

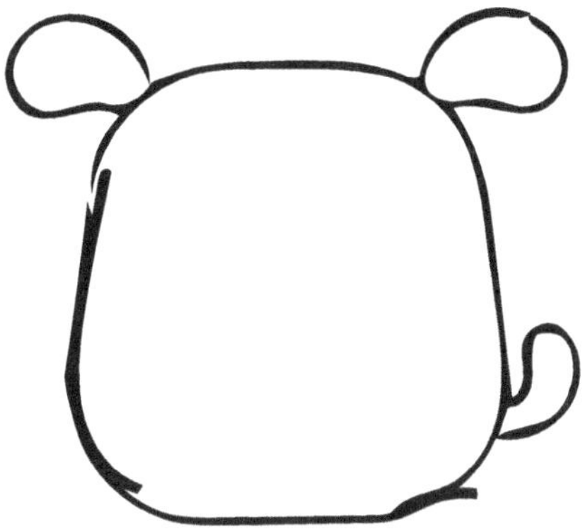

3

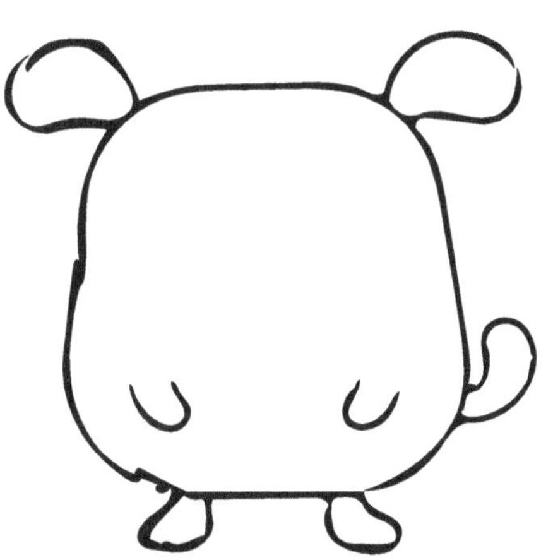

4

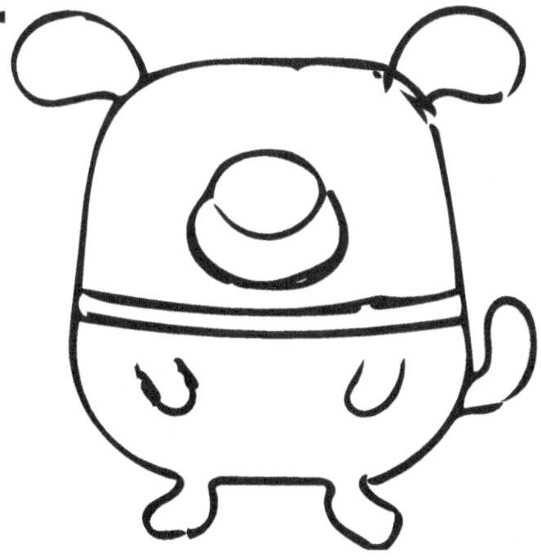

5

22

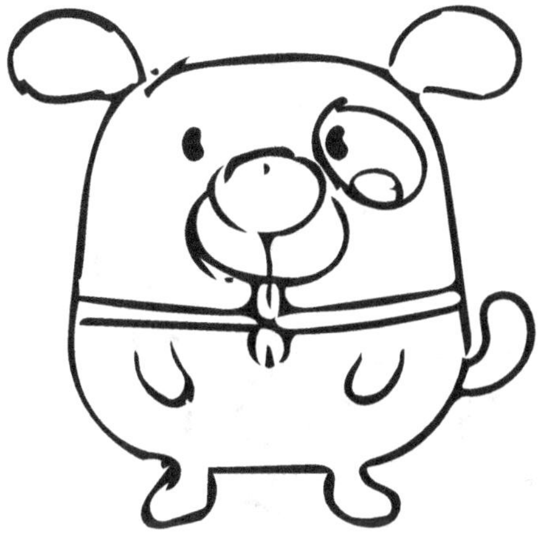

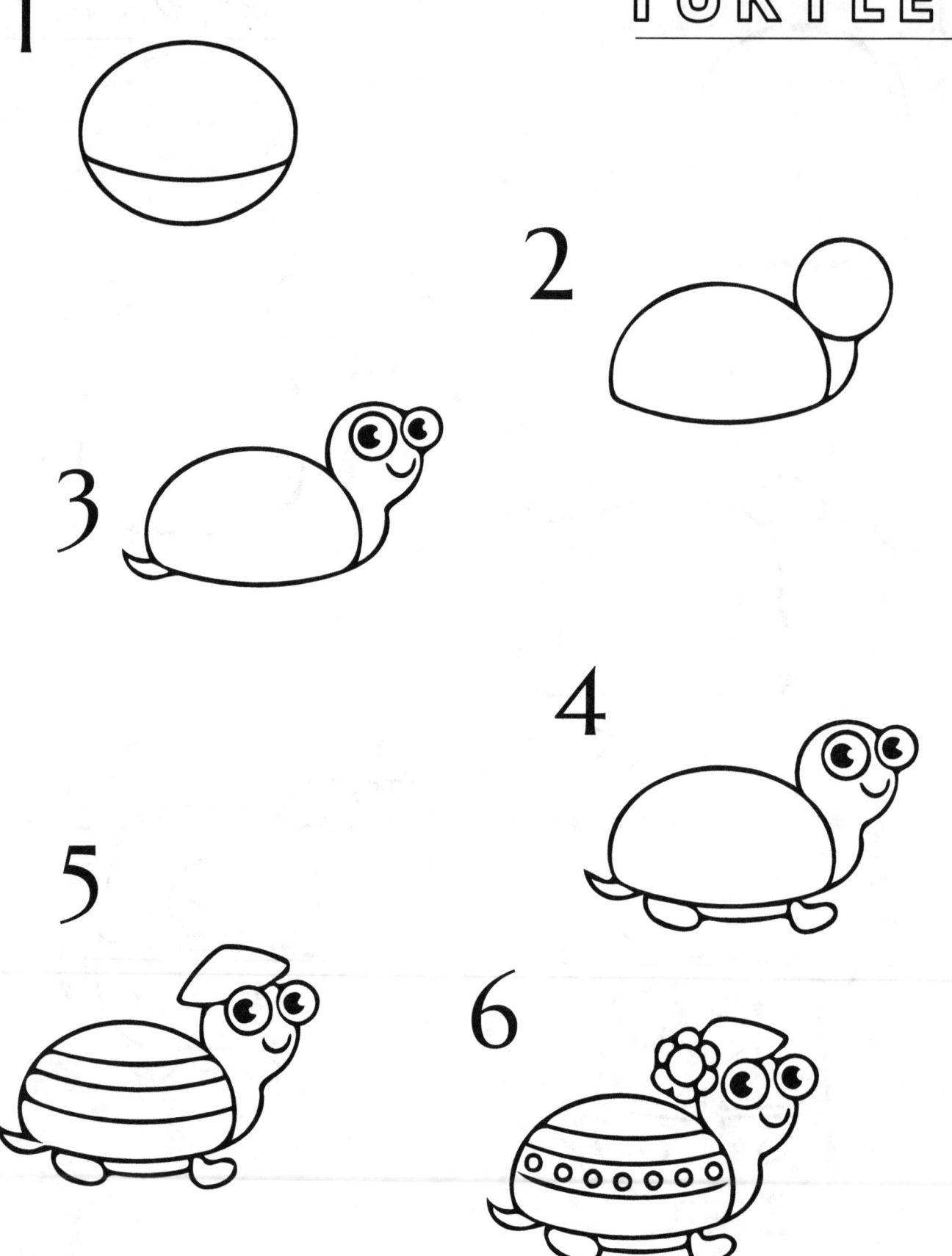

1

2

3

4

5

6

UNICORN

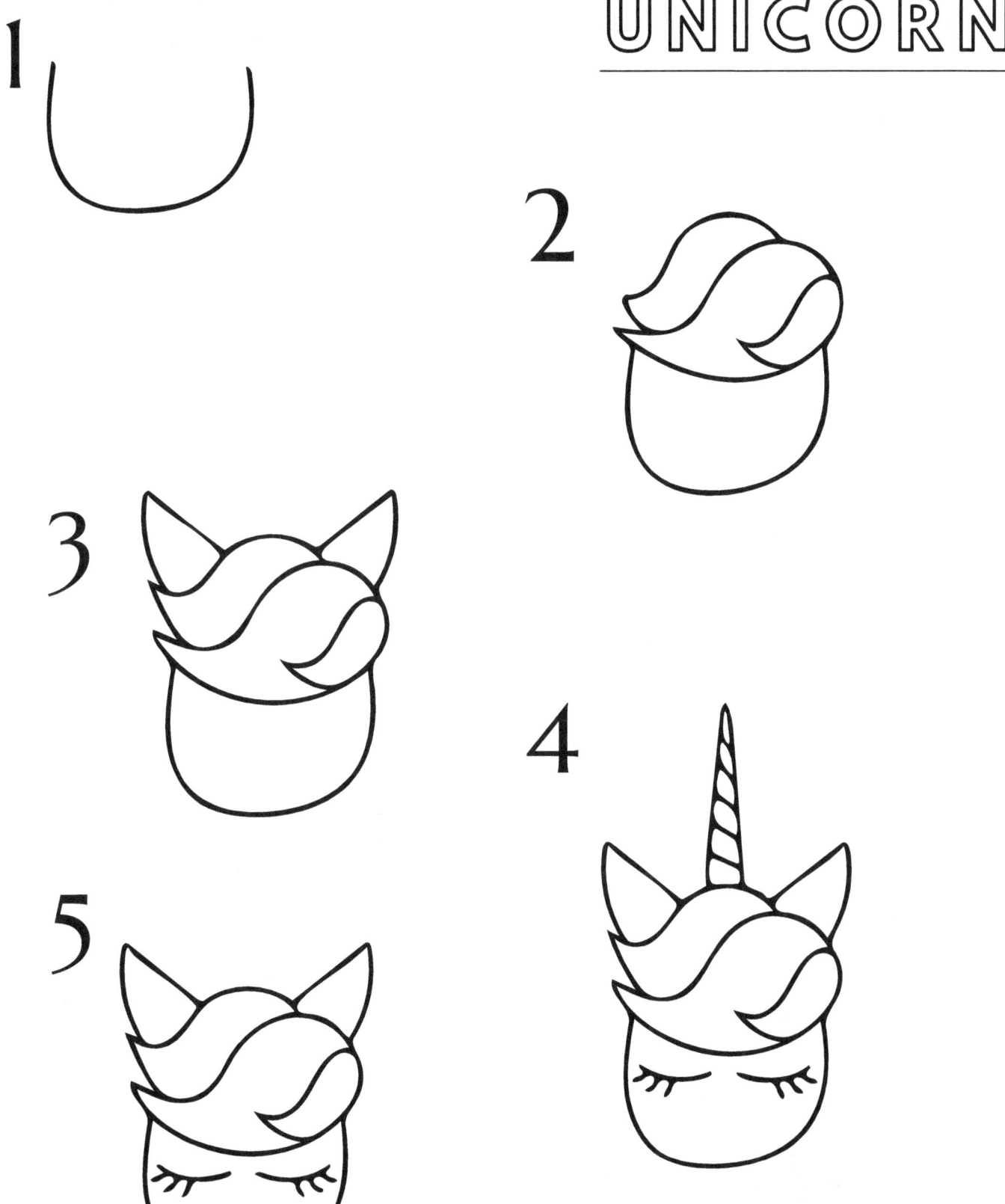

1

2

3

4

5

24

1

2

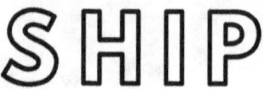

3

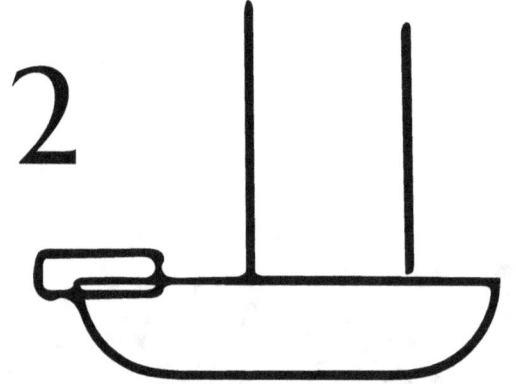

4

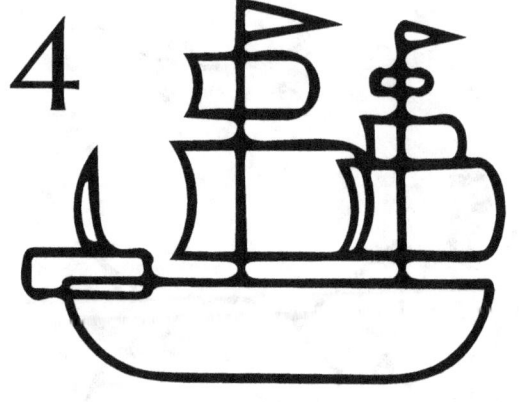

5

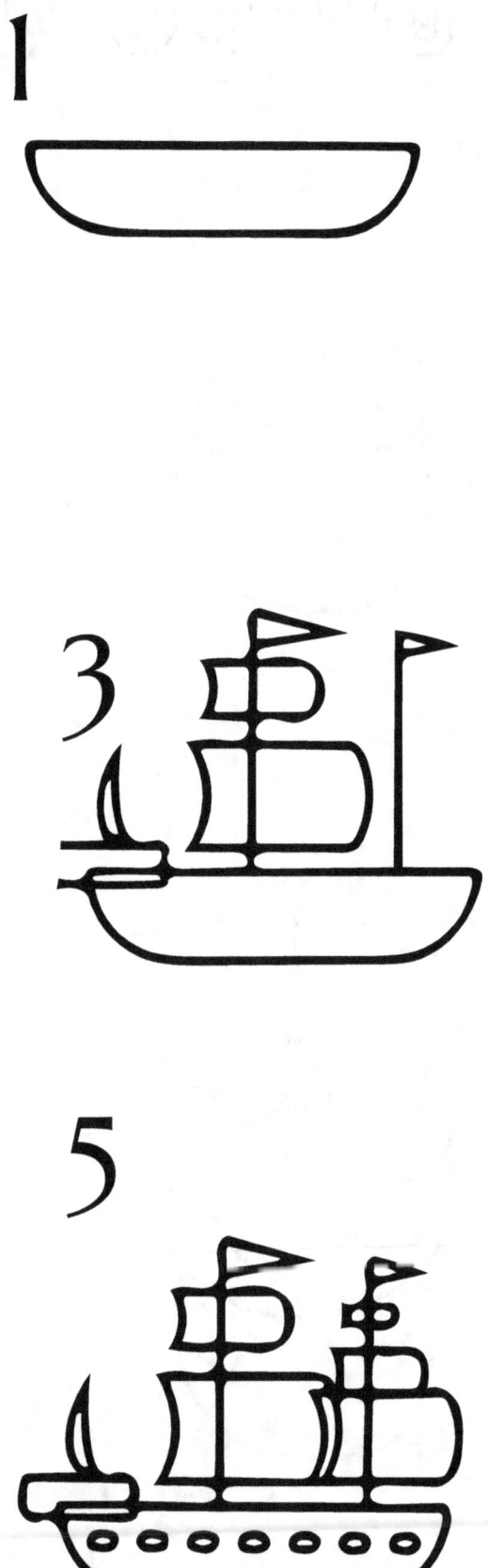

1

2

3

4

5

26

1

2

3

4

5

27

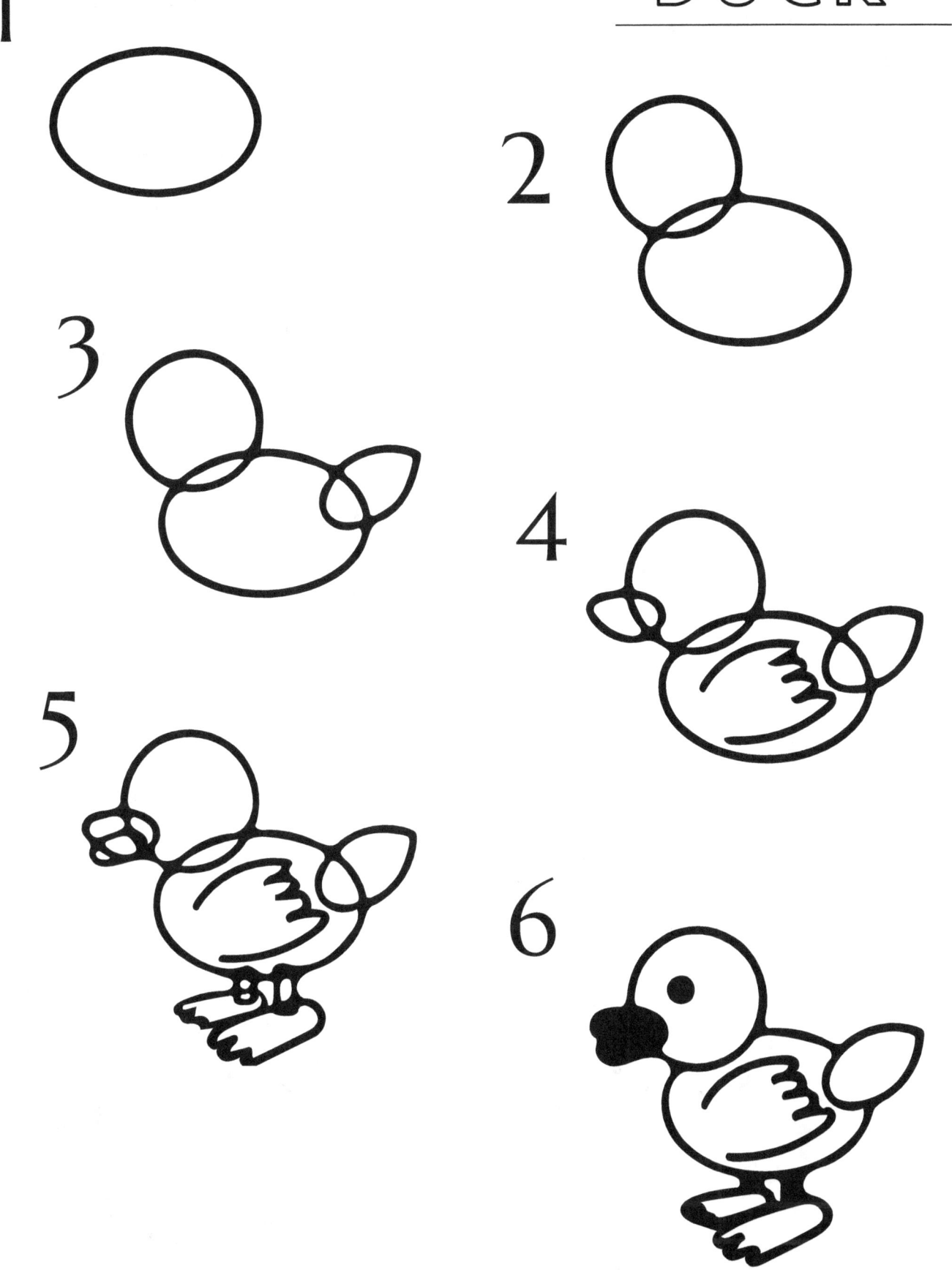

1

2

3

4

5

6

1

2

3

4

5

6

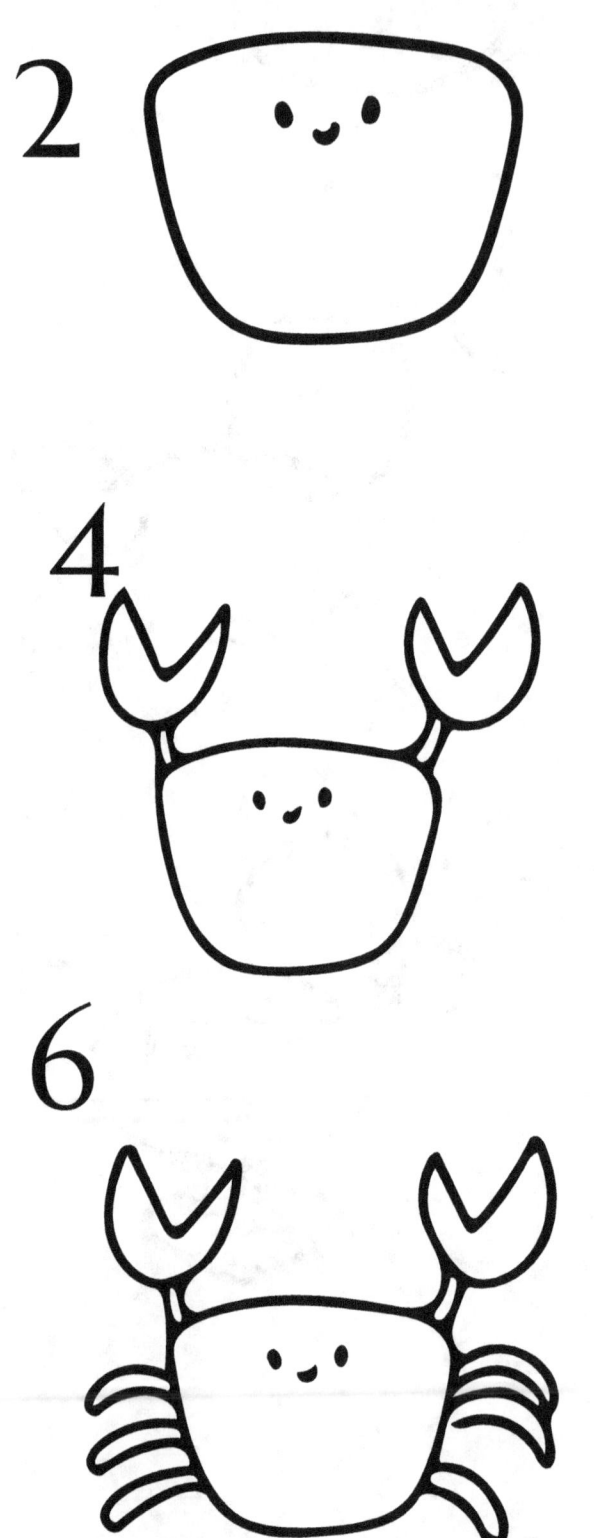

1

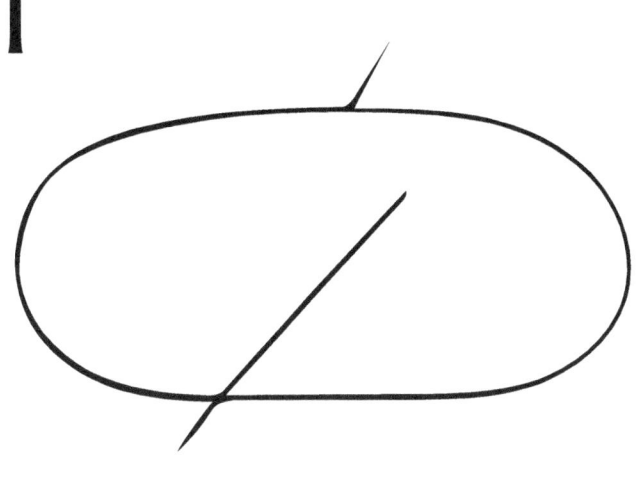

2

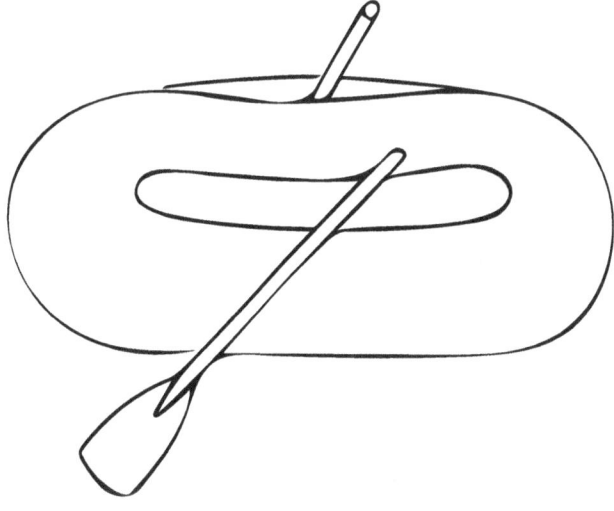

3

1

2

3

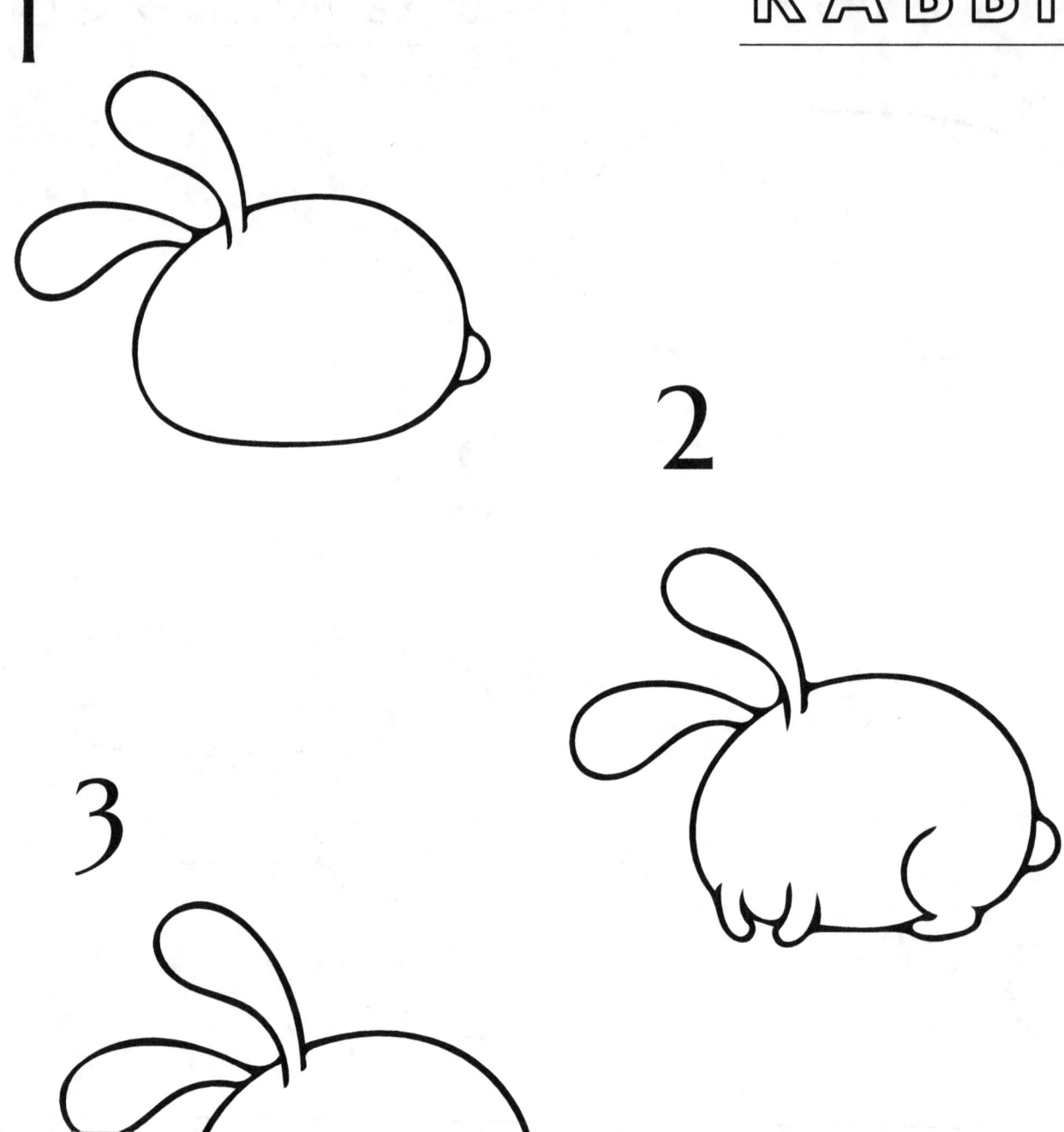

1

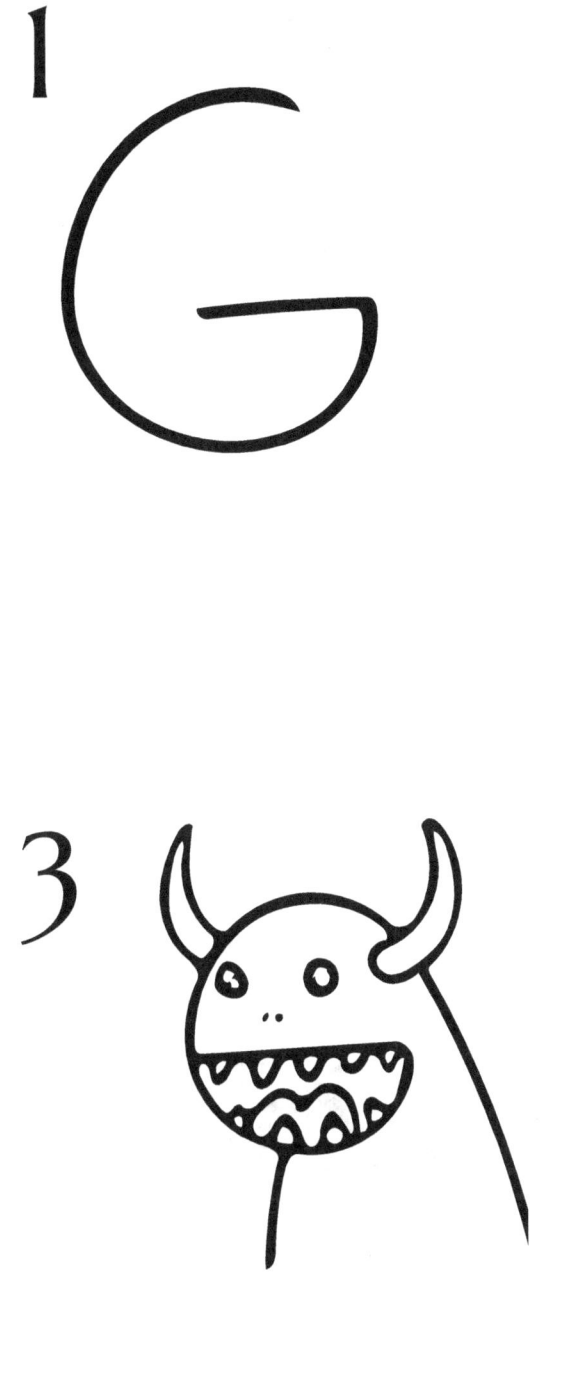

2

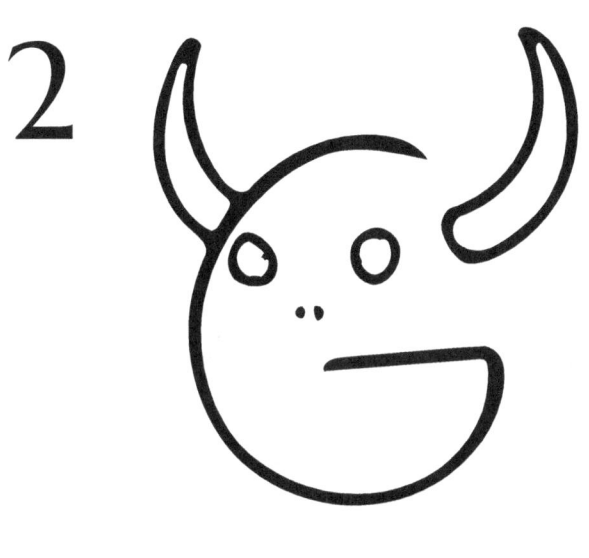

3

4

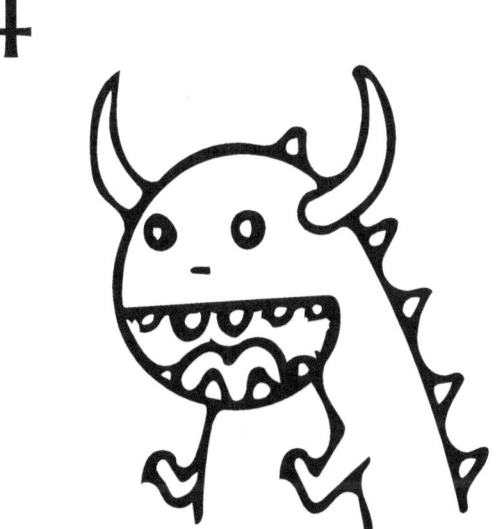

1

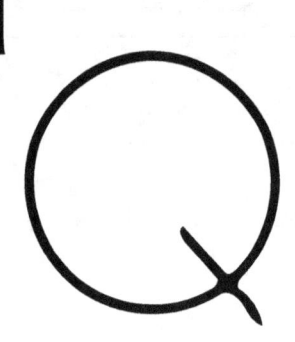

2

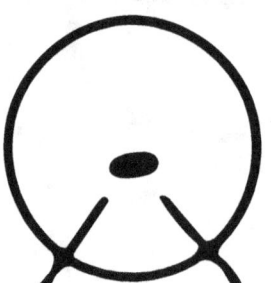

3

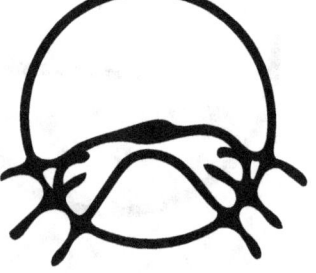

4

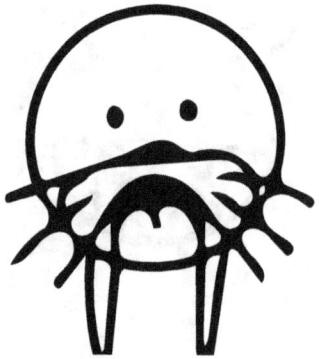

5

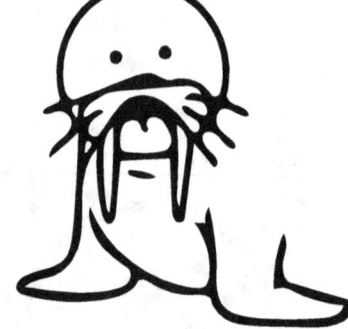

6

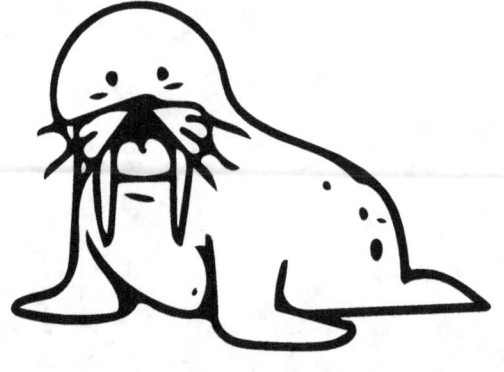

33

1

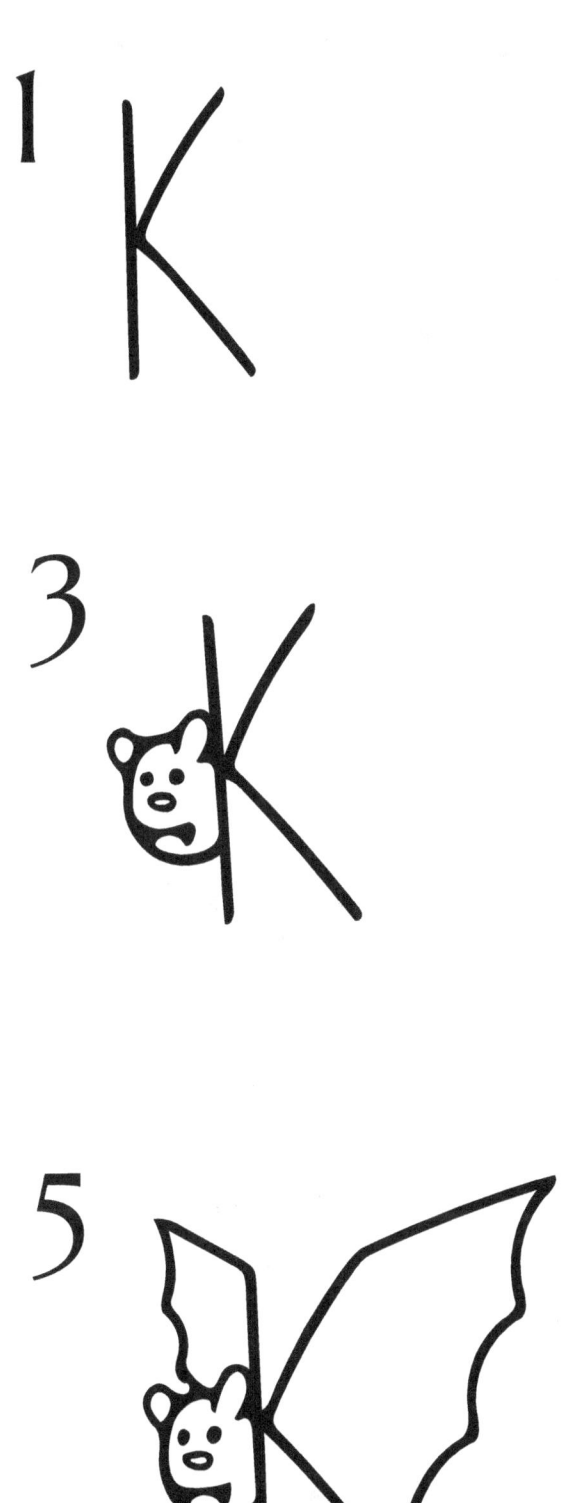

2

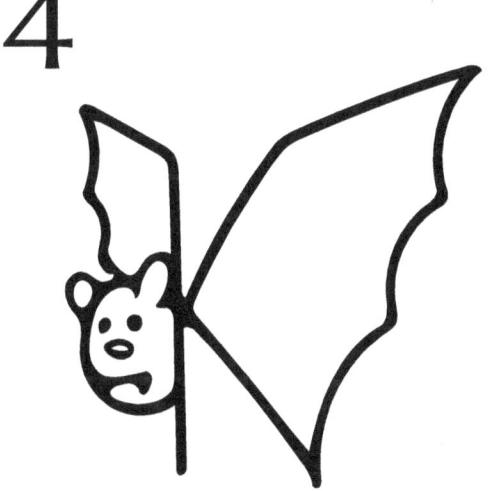

3

4

5

6

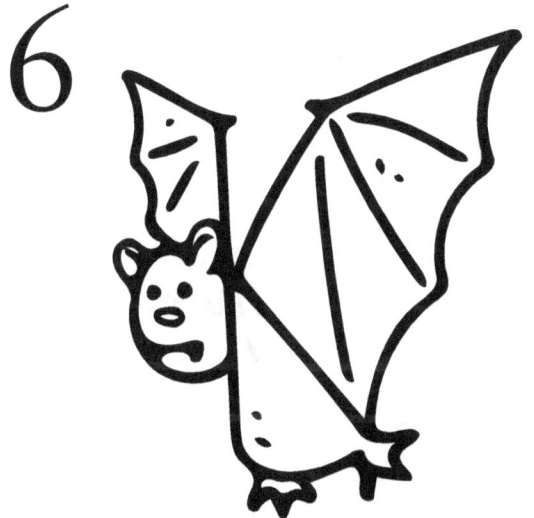

34

JELLYFISH

1

2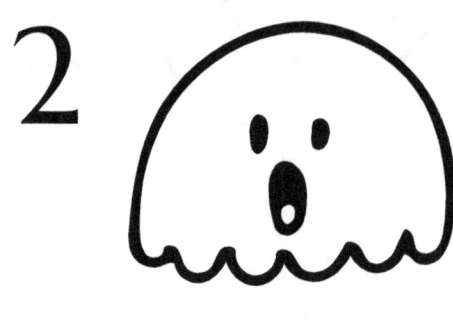

3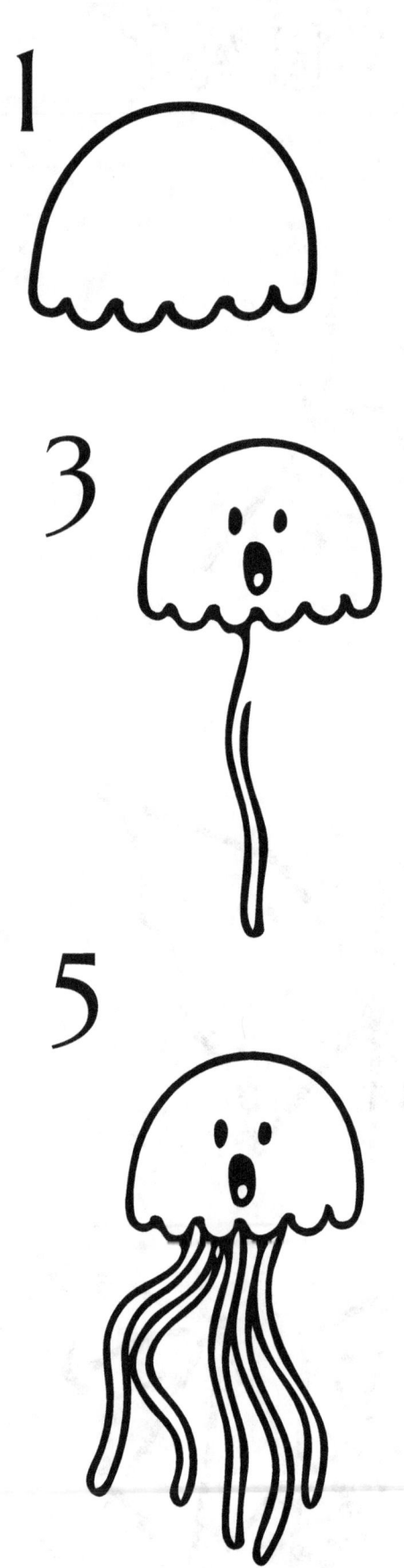

4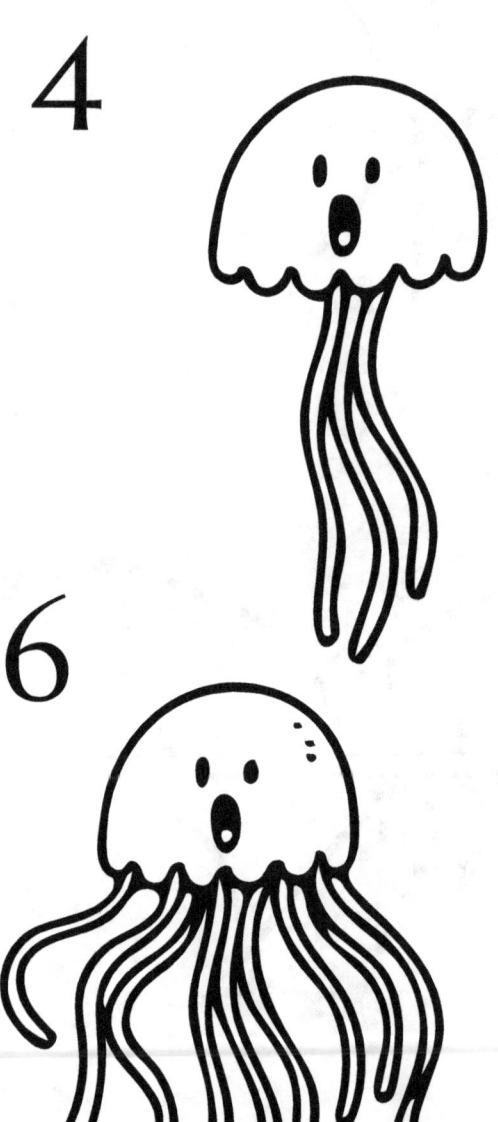

5

6

1

2

3

4

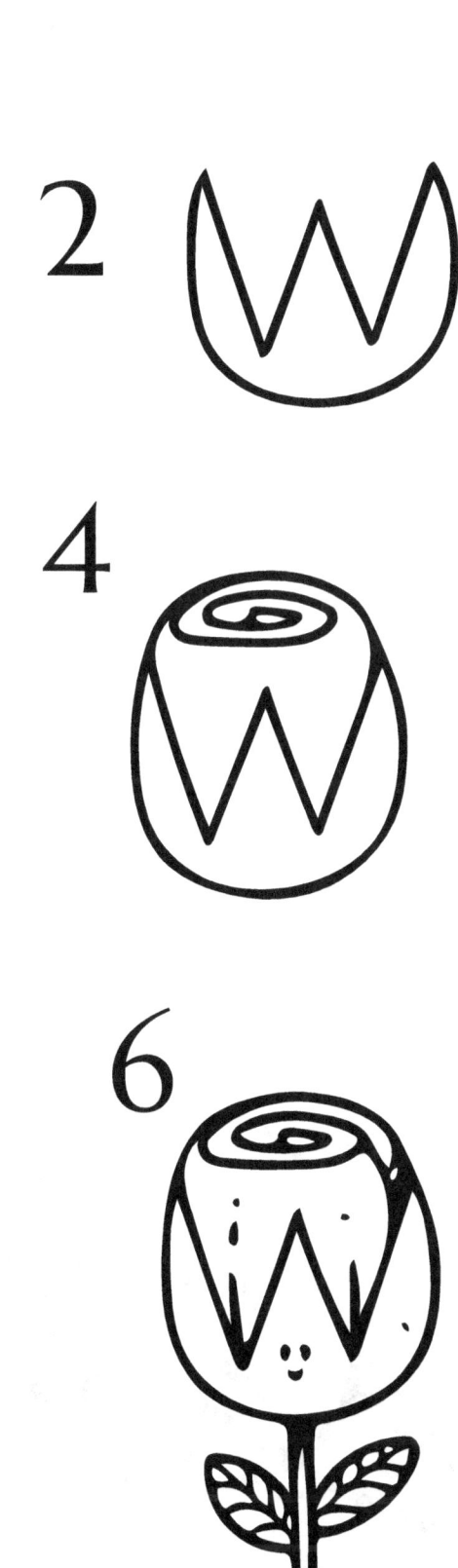

5

6

1

2

3

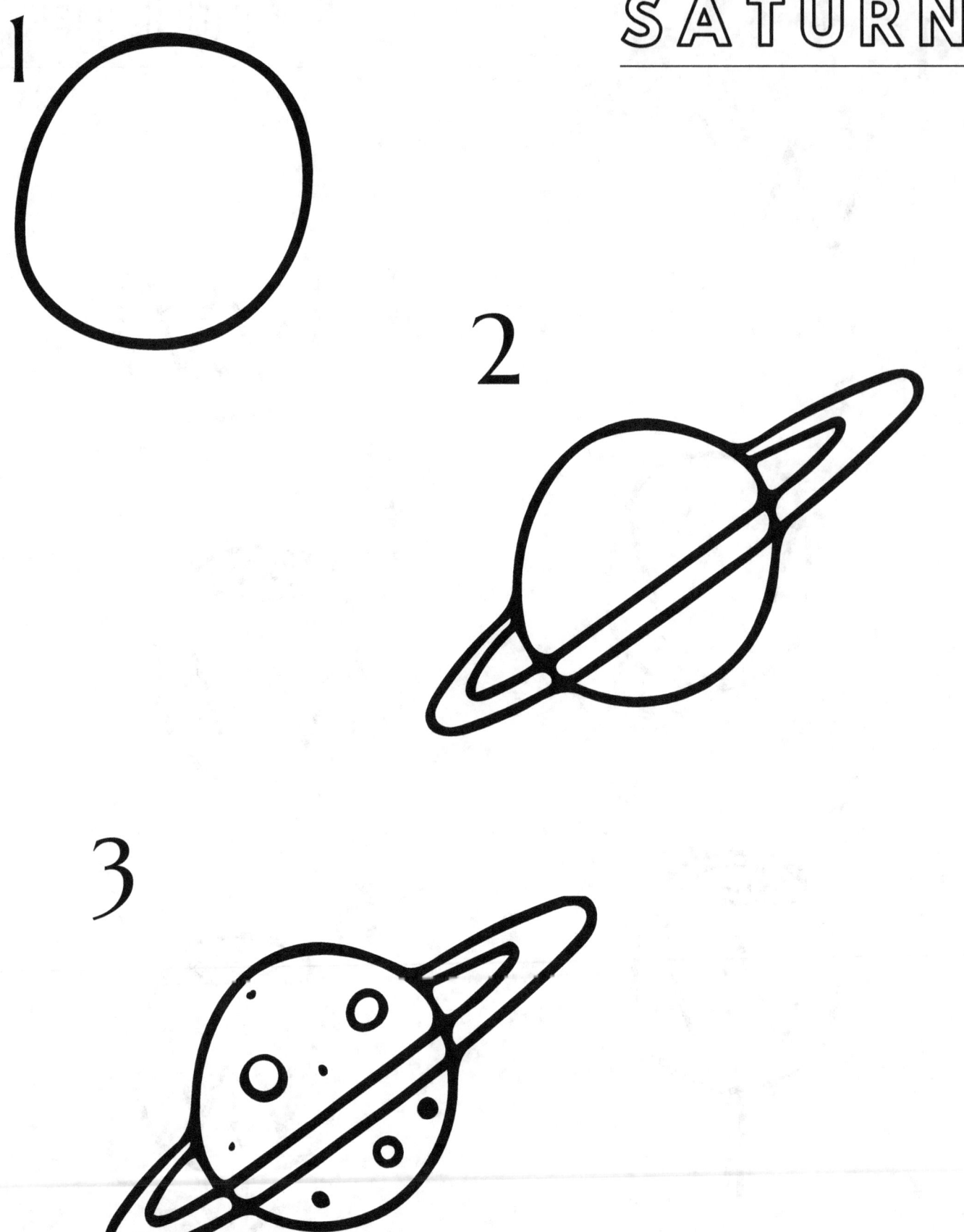

1

2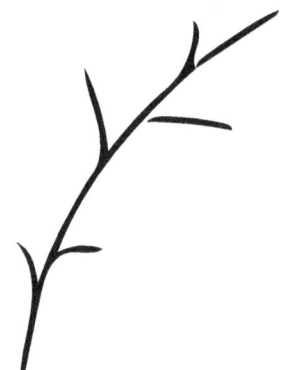

3

4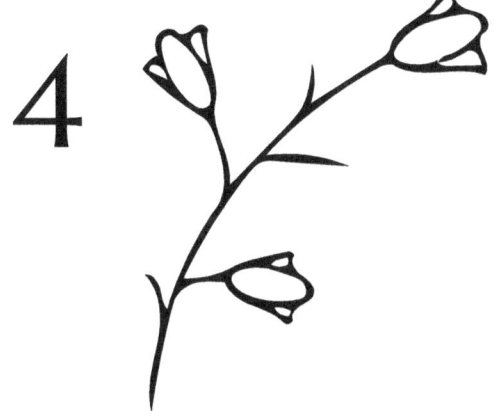

5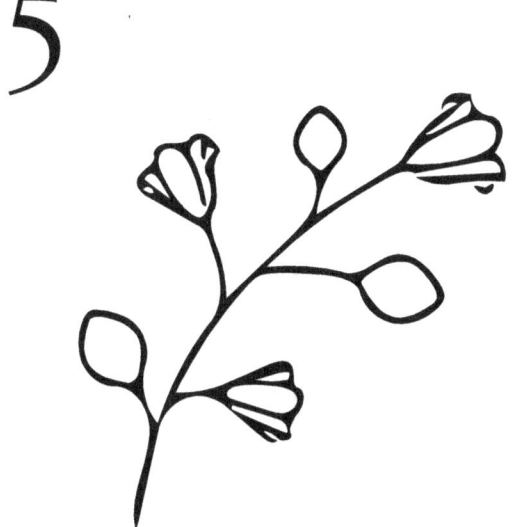

BUTTERFLY

1

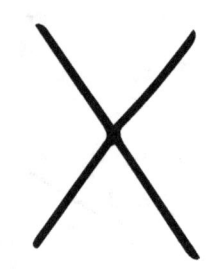

2

3

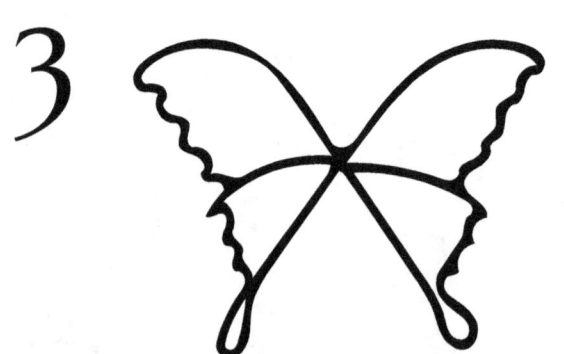

4

5

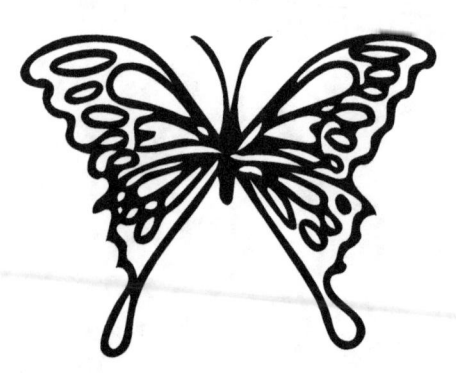

1

H

2

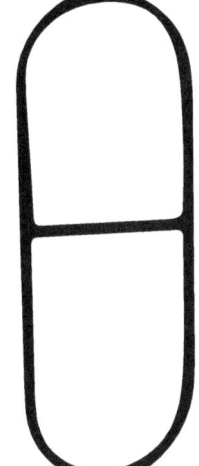

3

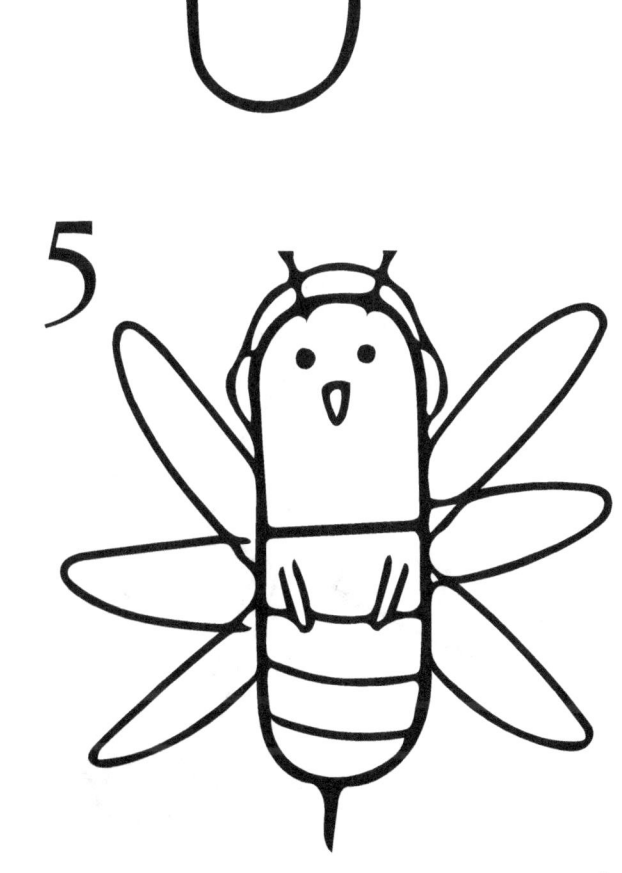

4

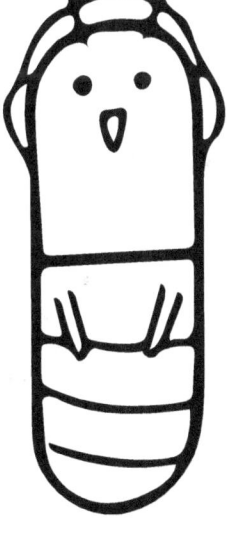

5

UMBRELLA

1

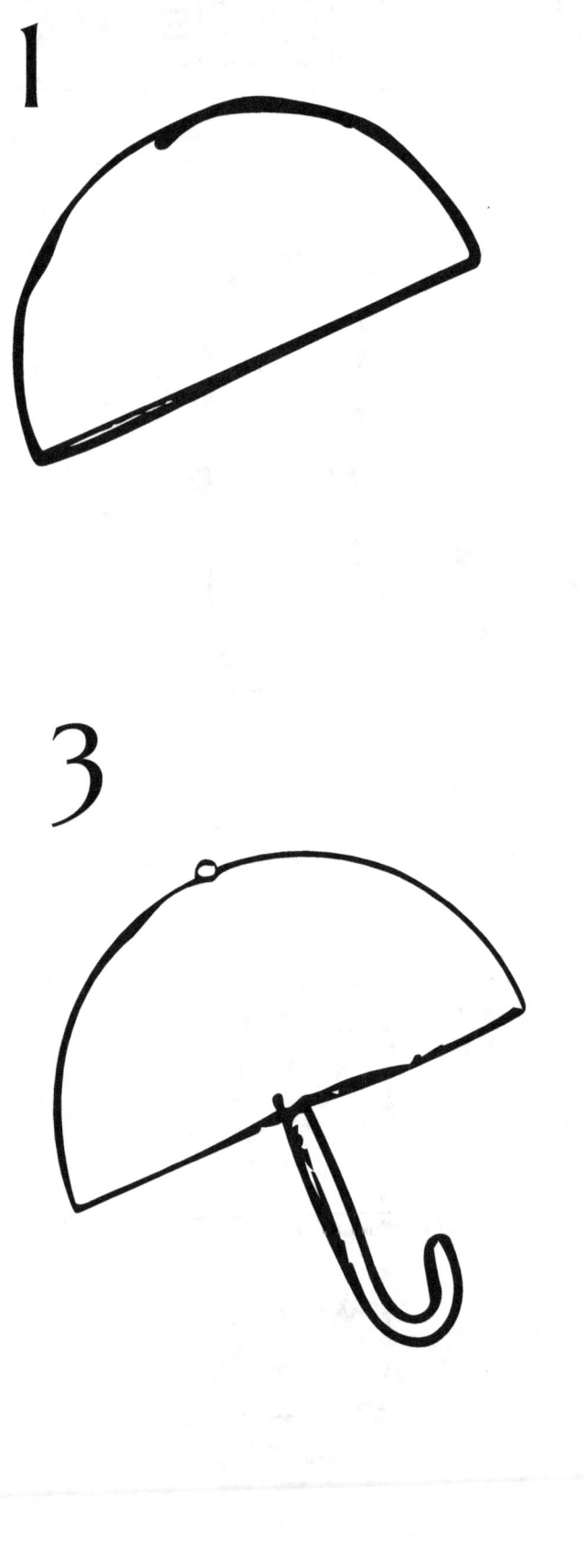

2

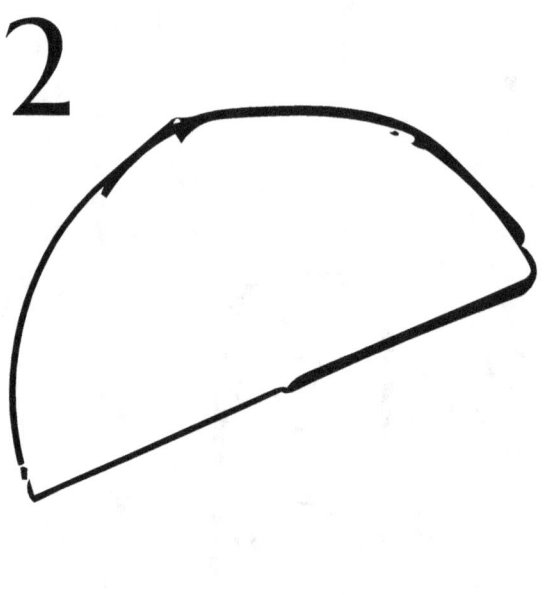

3

4

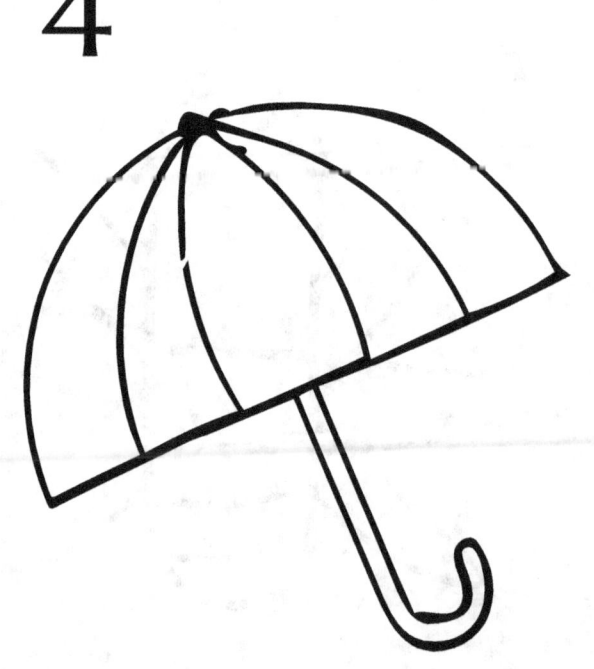

PENGUIN

1

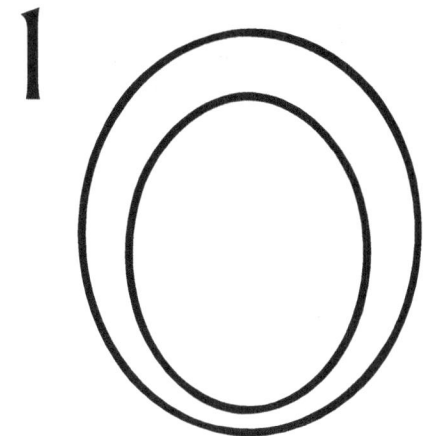

2

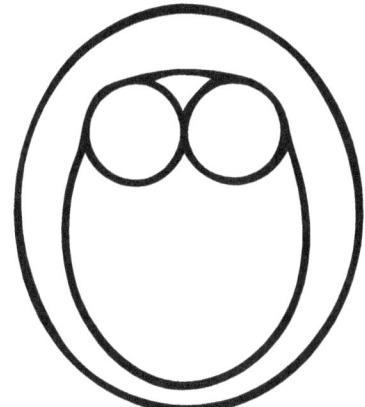

3

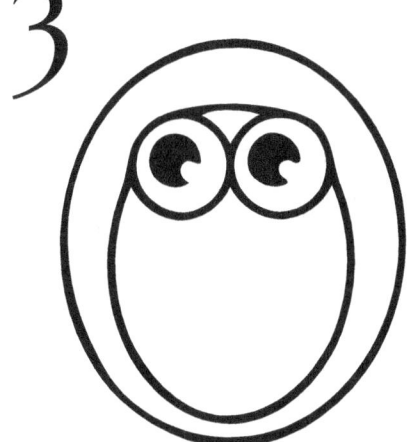

4

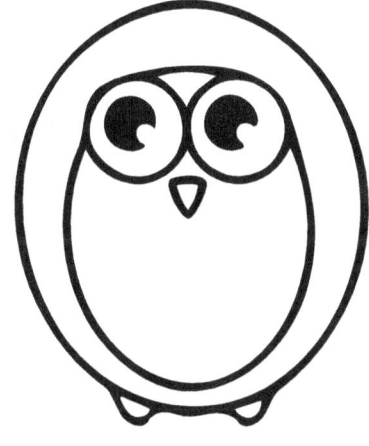

5

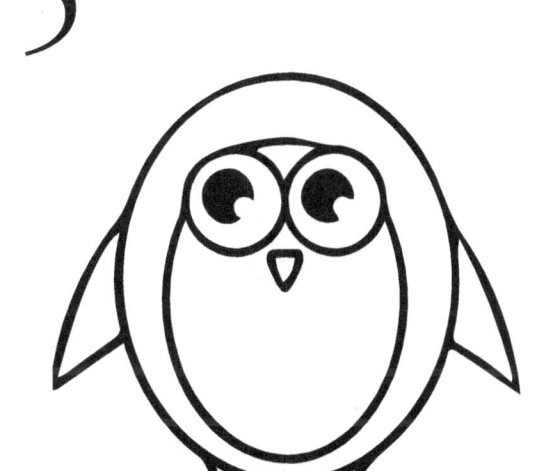

42

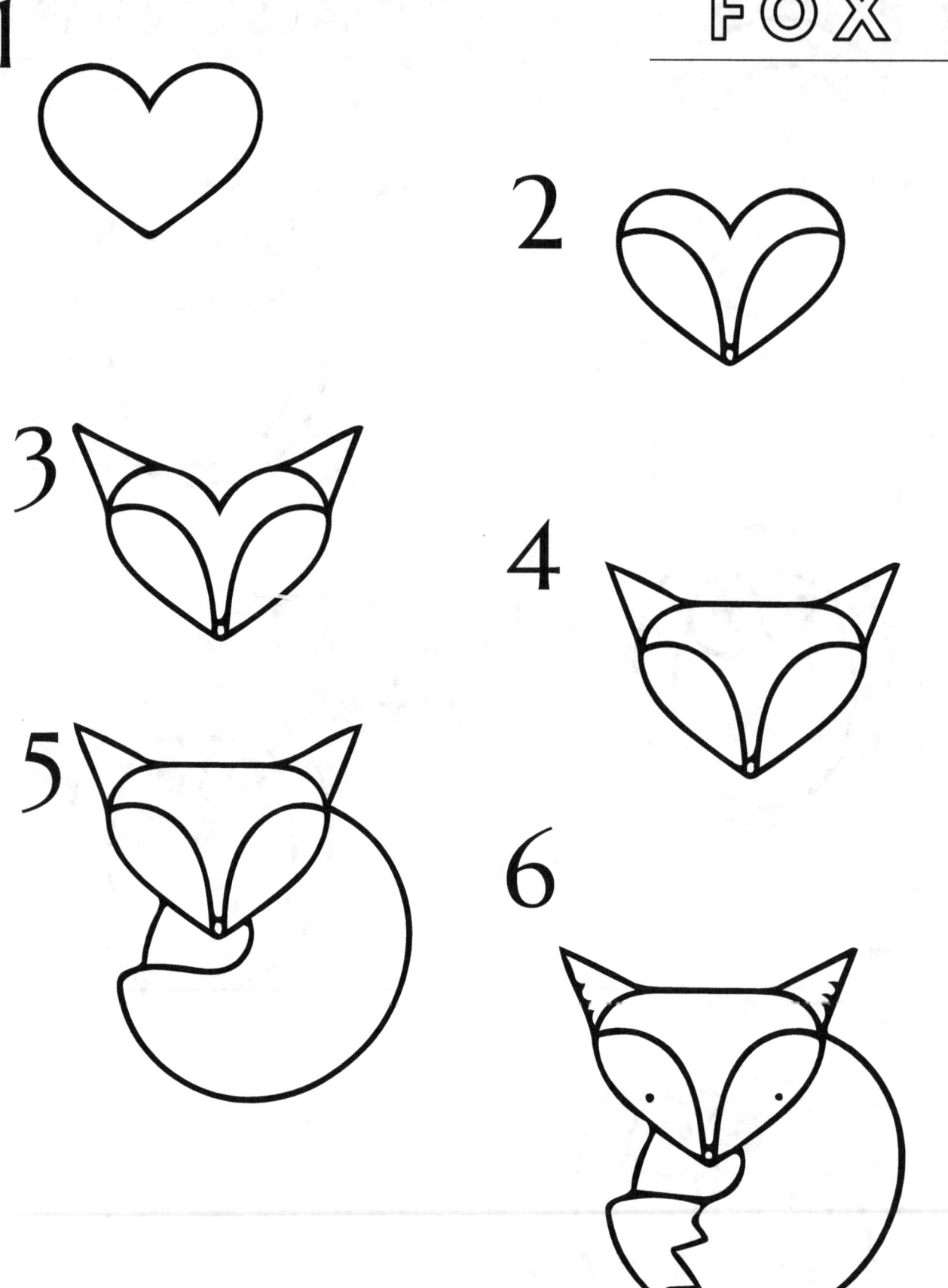

1

2

3

4

5

6

1

CUPCAKE

2

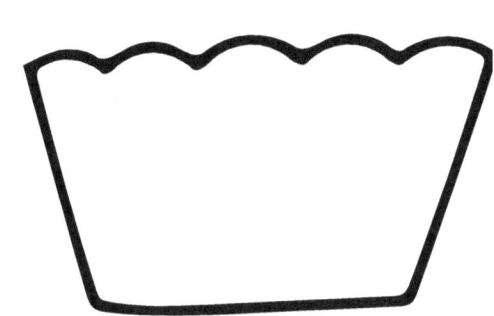

3

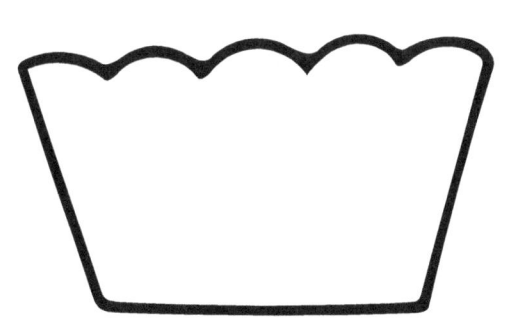

4

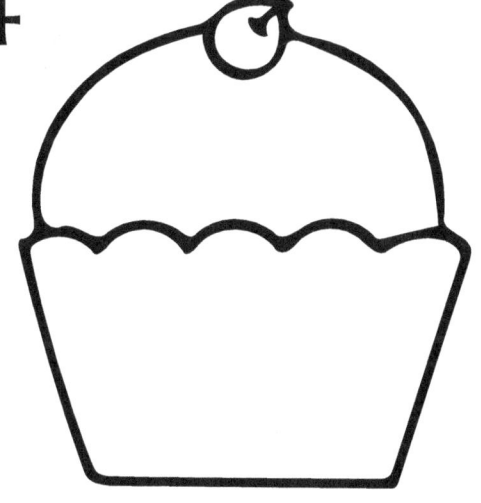

5

44

ICE CREAM

1

2

3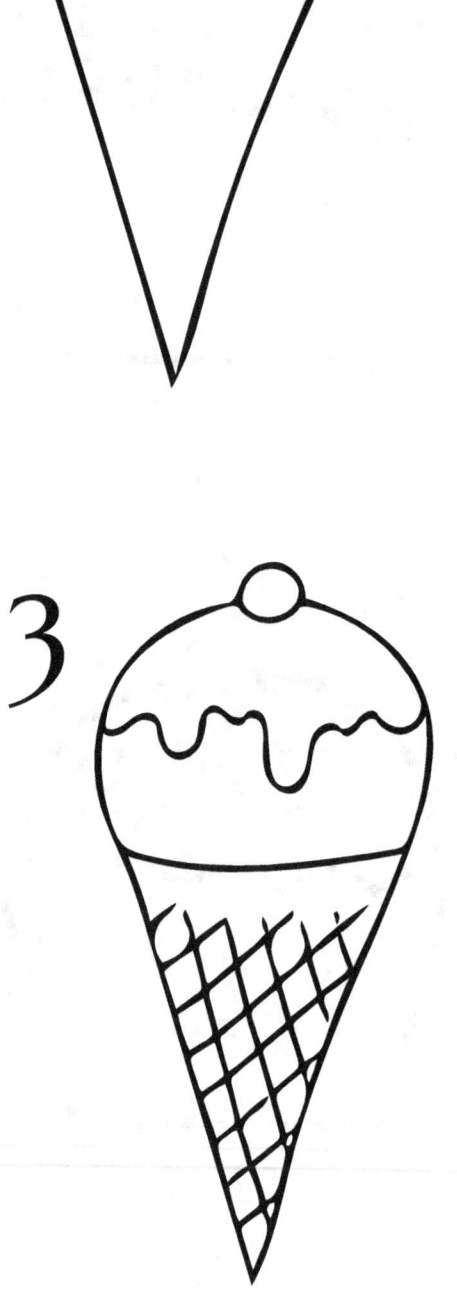

4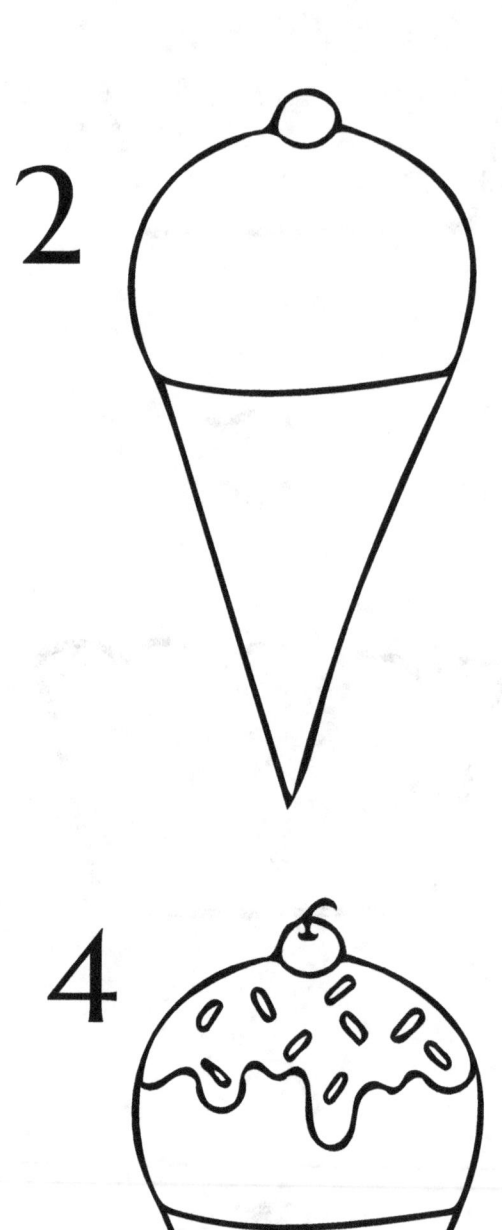

1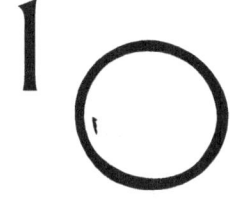

2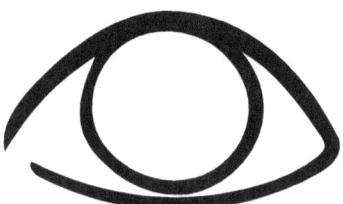

3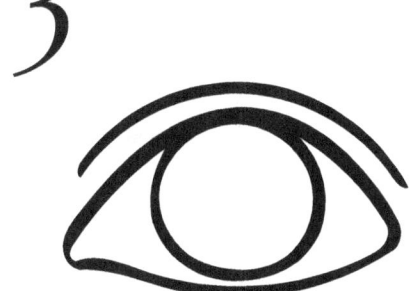

4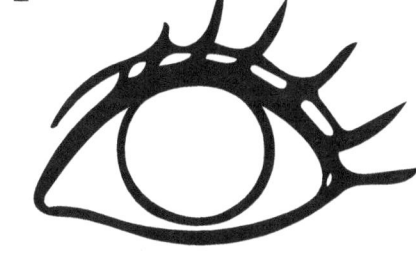

5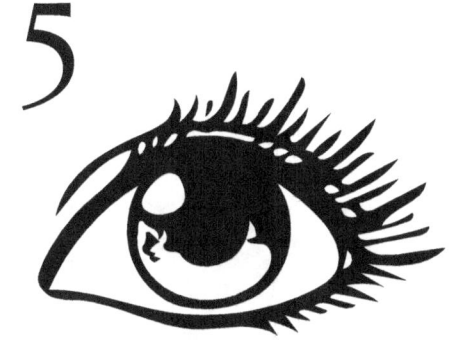

1

2

3

4

5

47

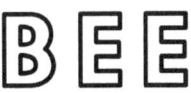

1

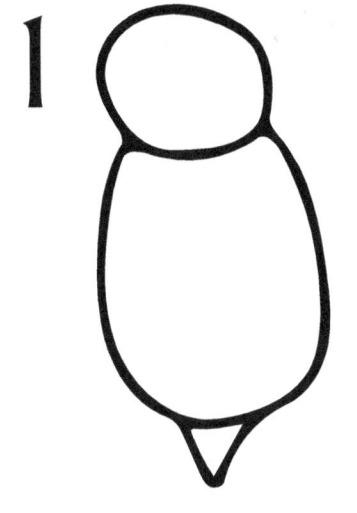

2

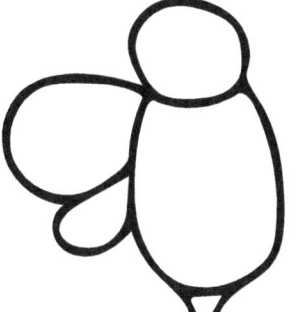

3

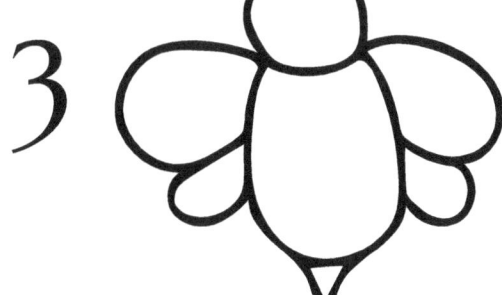

4

5

48

1

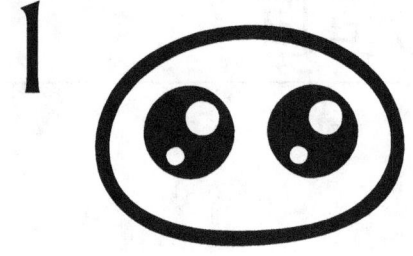

2

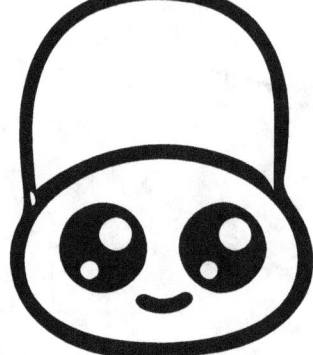

3

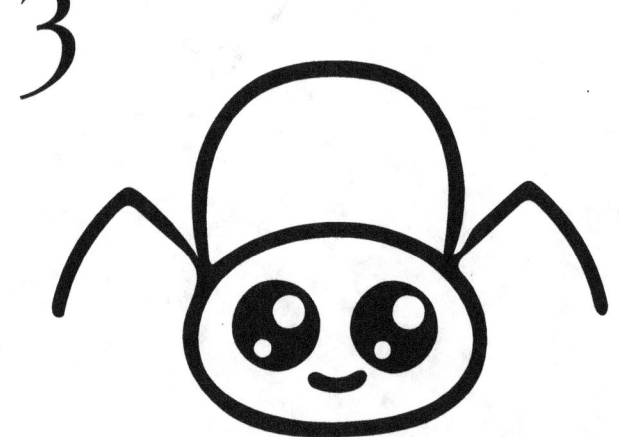

4

5

49

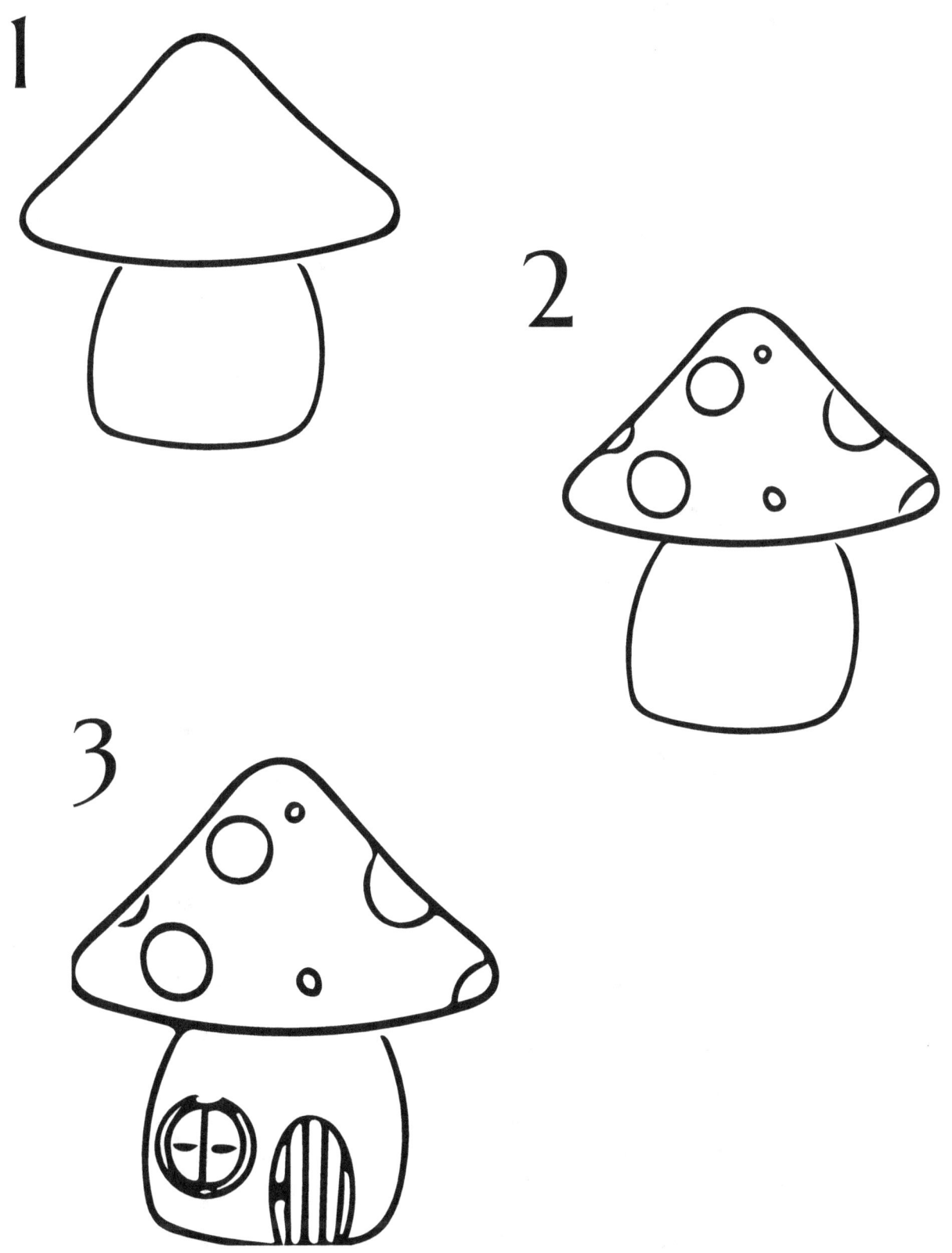

1

2

3

1

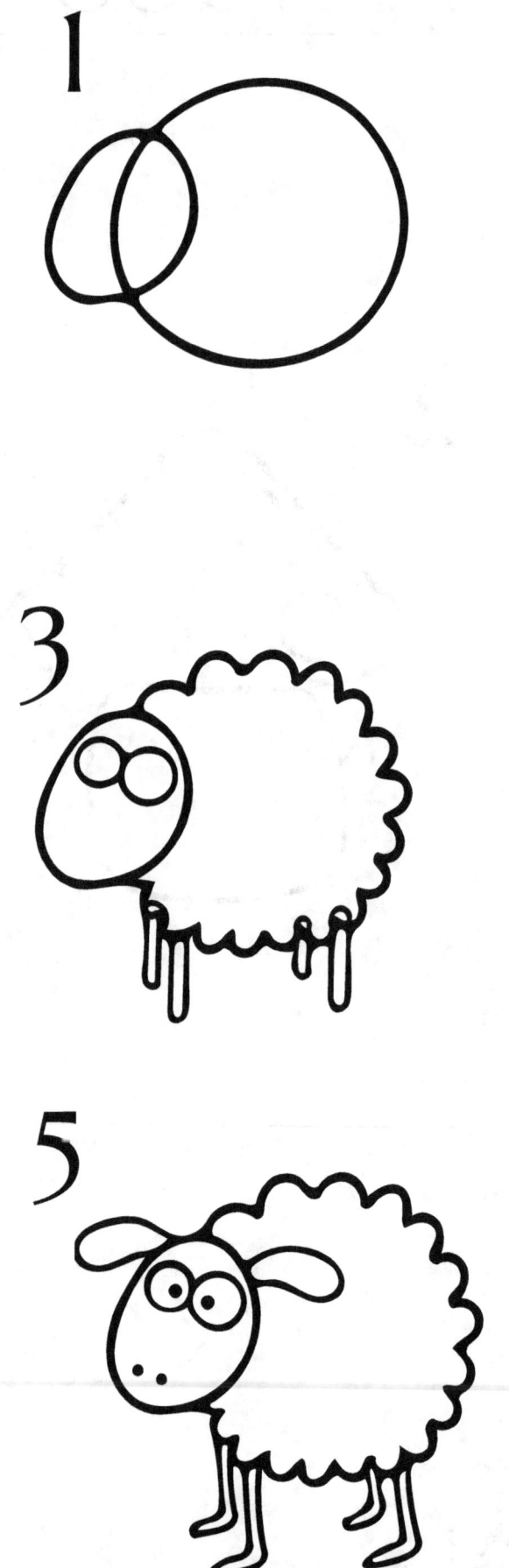

1

2

3

4

5

52

1

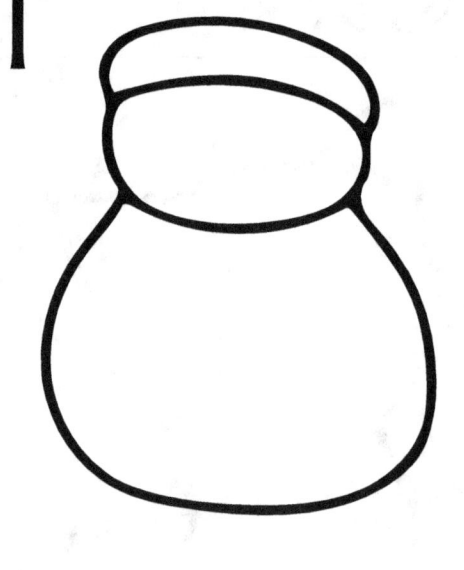

2

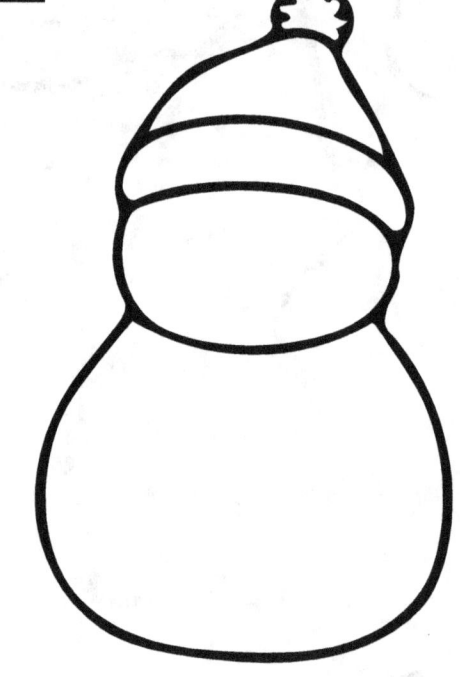

3

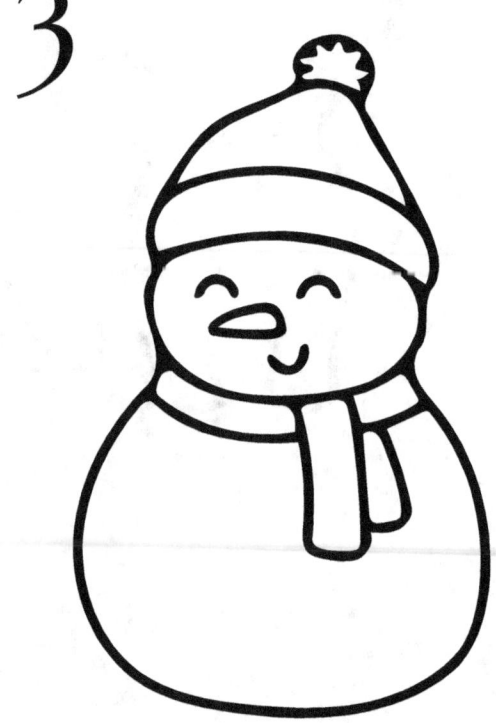

1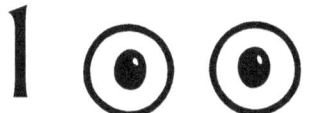

2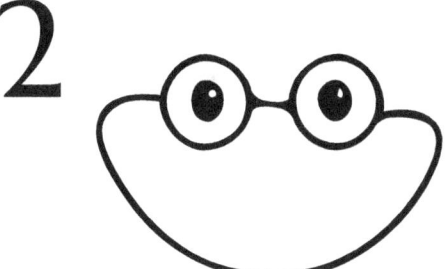

3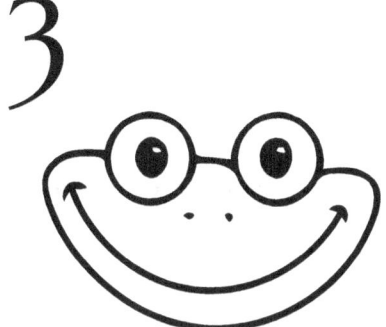

4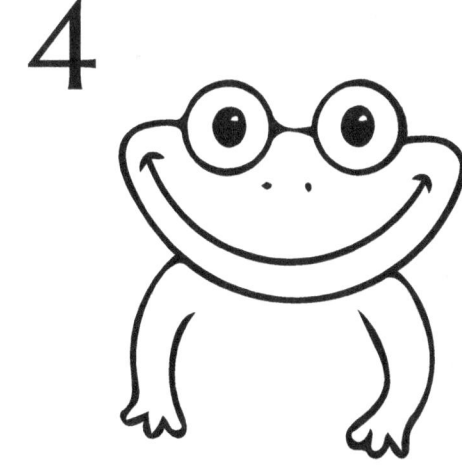

5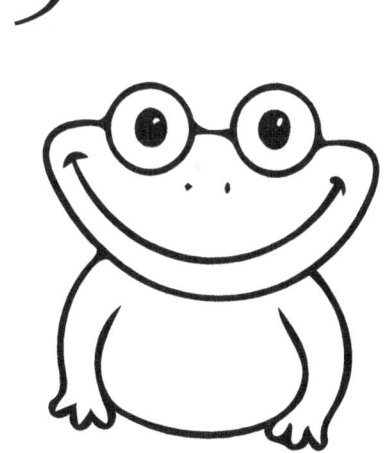

6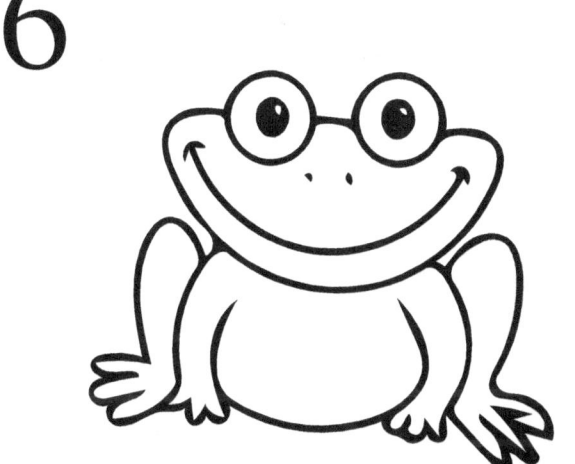

1

2

3

4

5

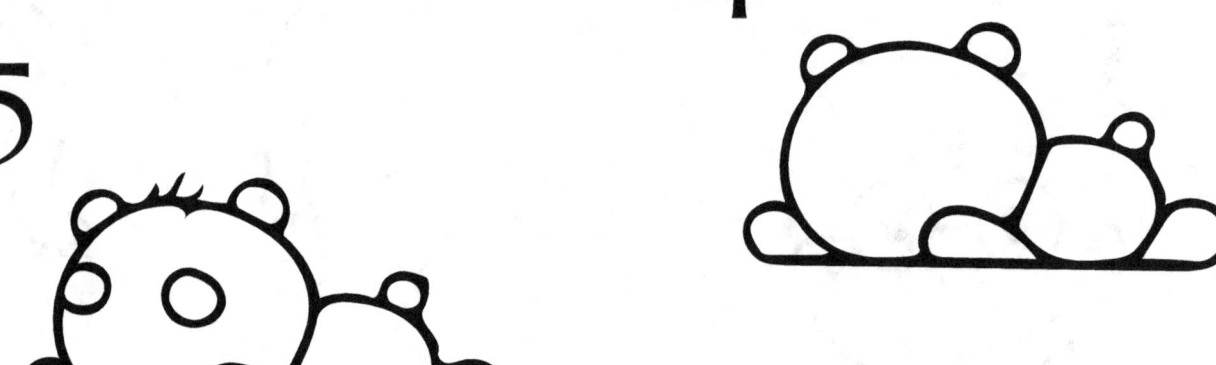

6

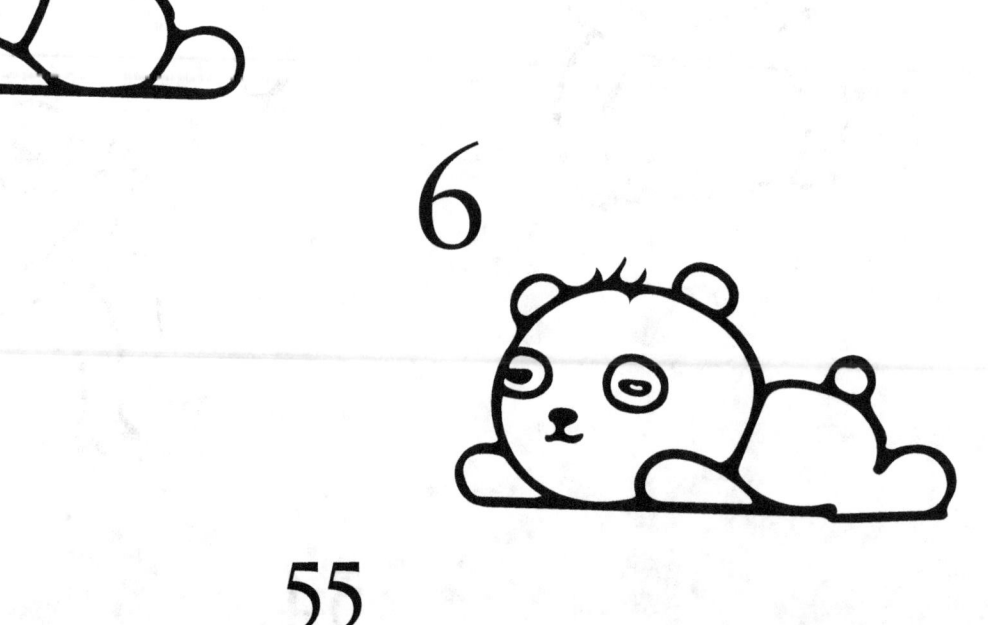

1

2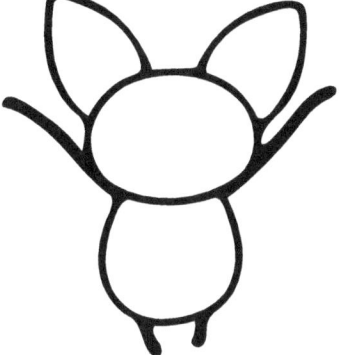

3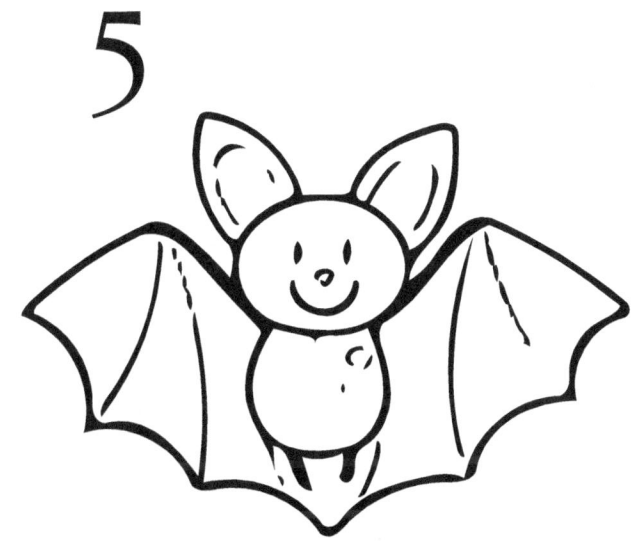

4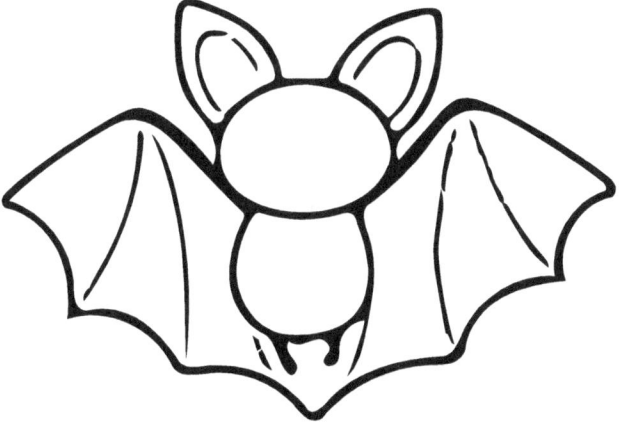

5

CHRISTMAS TREE

1

2

3

4

5

58

TURTLE

1

2
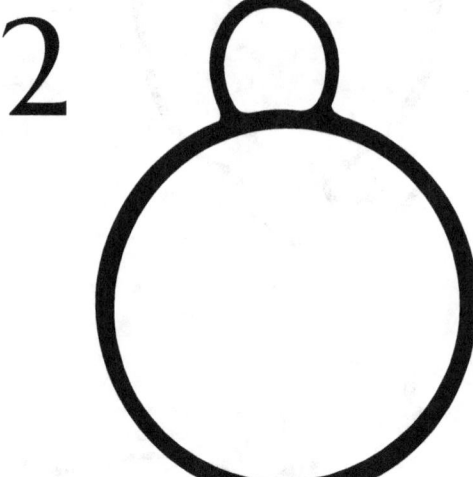

3
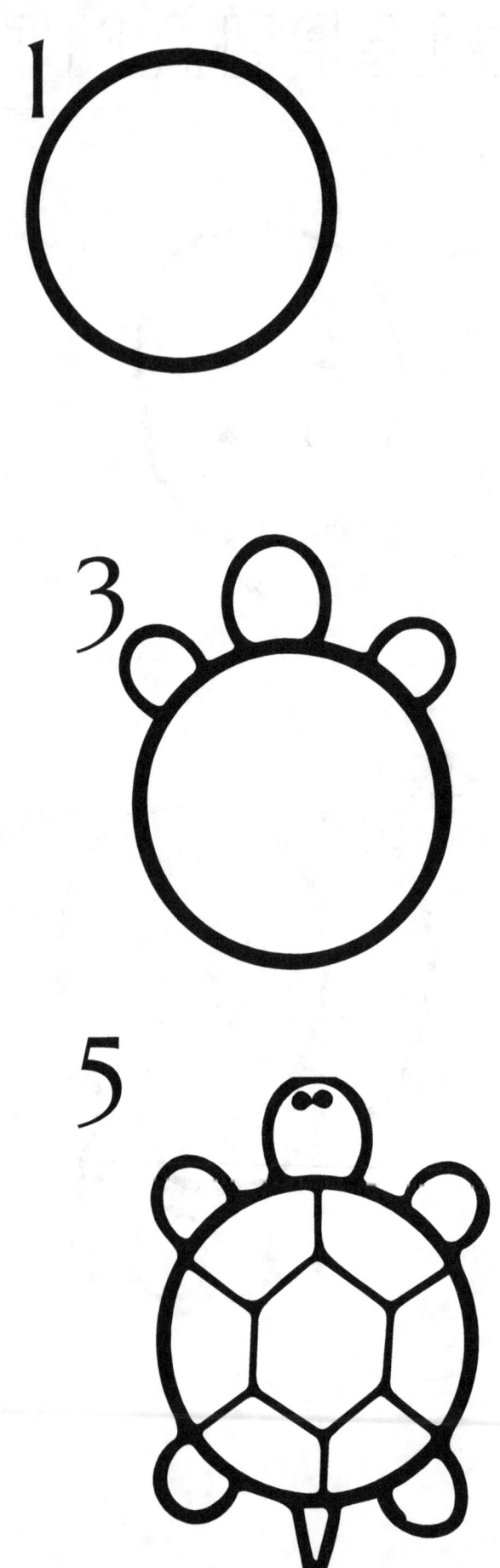

4
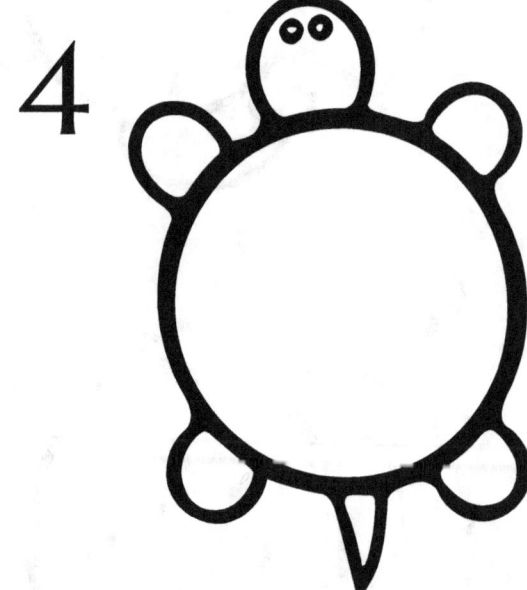

5

59

1

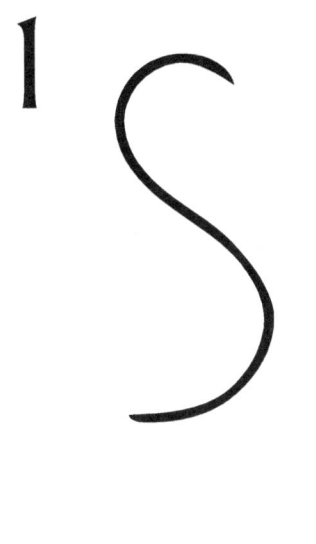

2

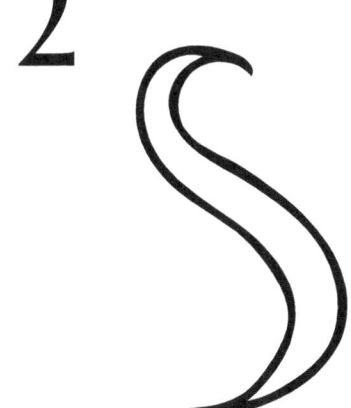

3

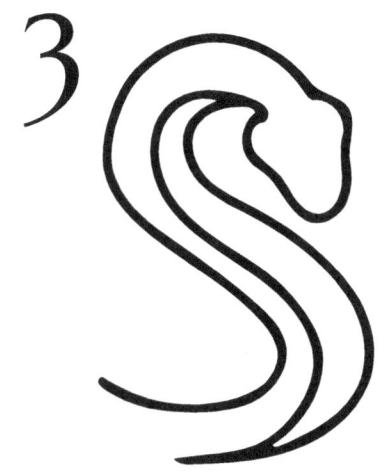

4

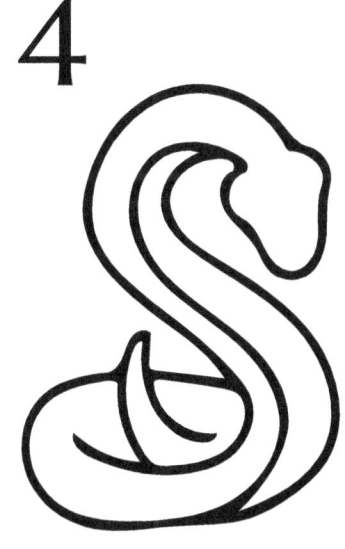

5

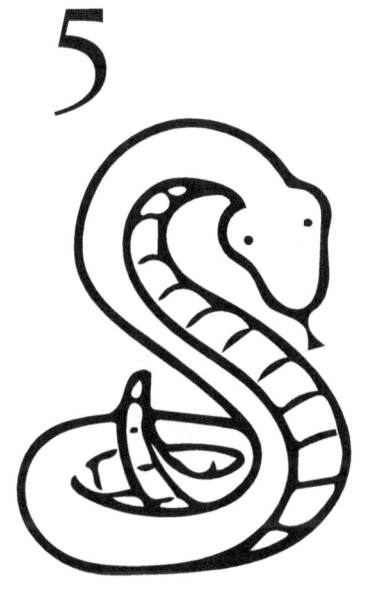

60

1

2

3

4

5

6

7

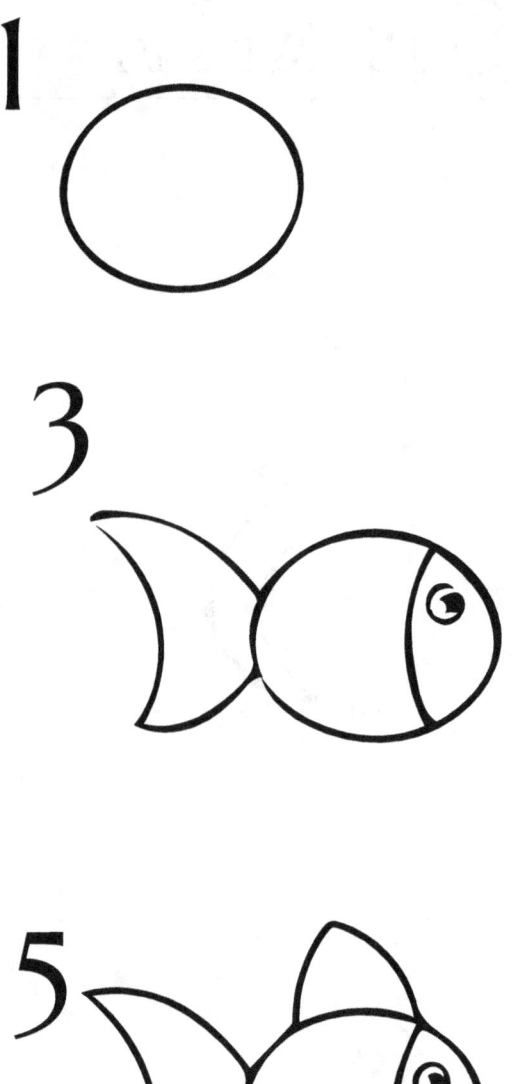
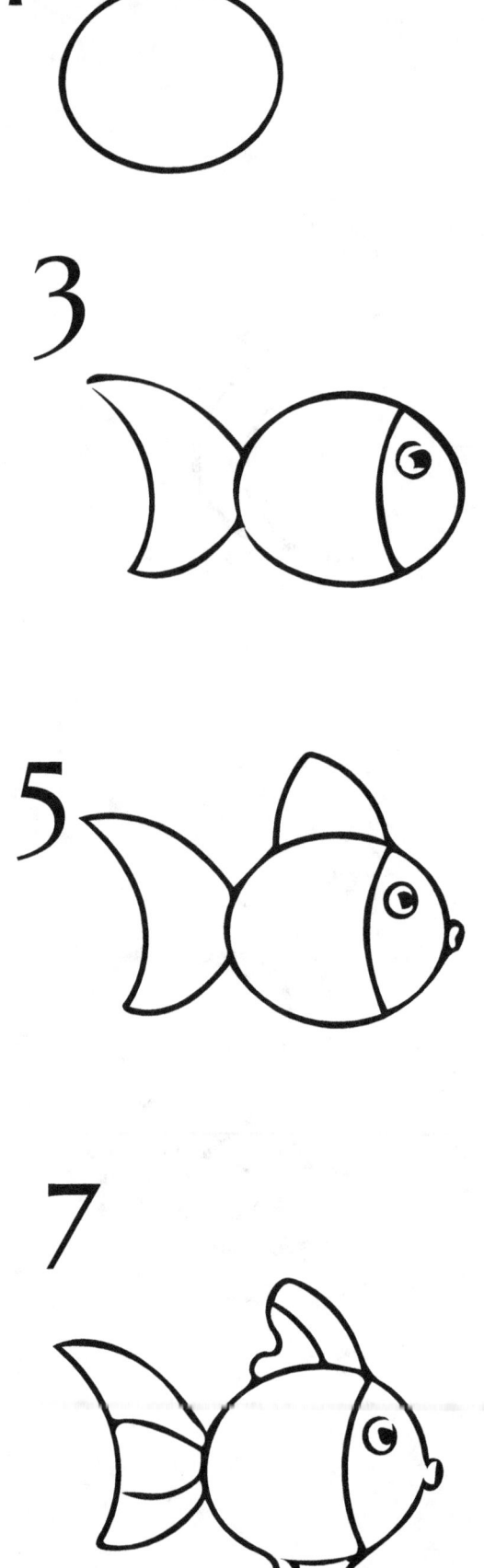
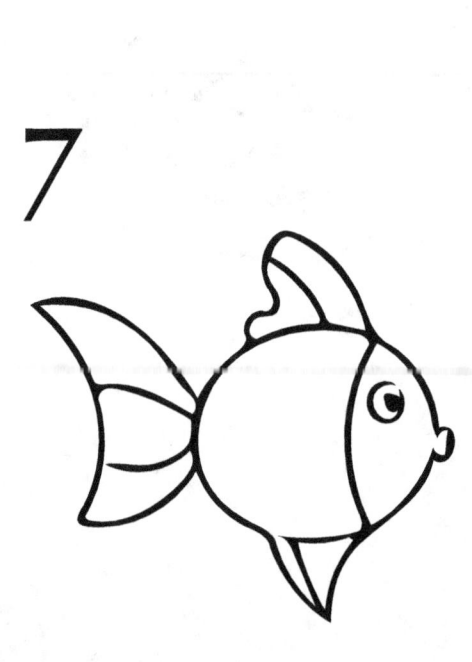
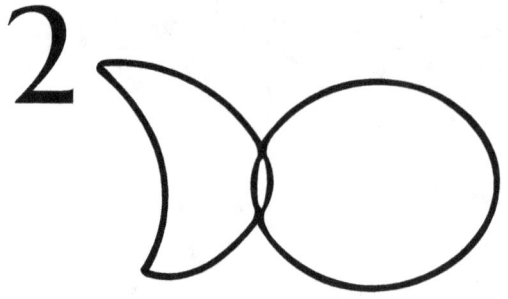
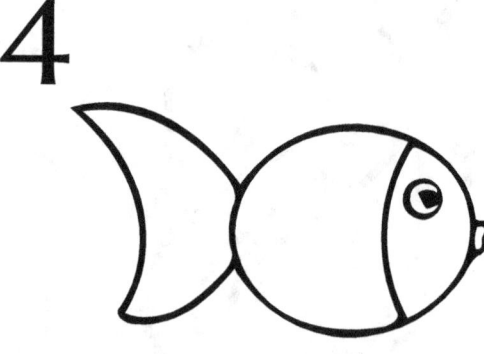
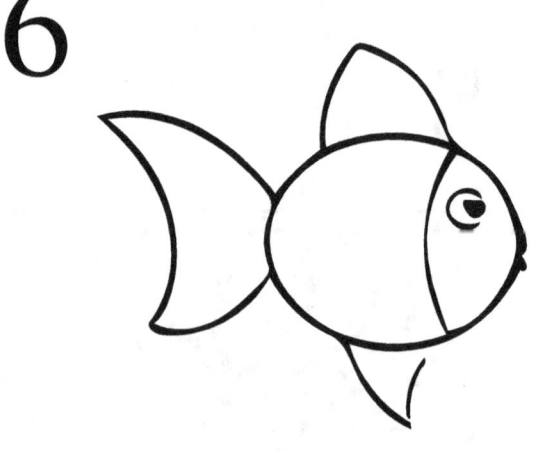

1

T

2

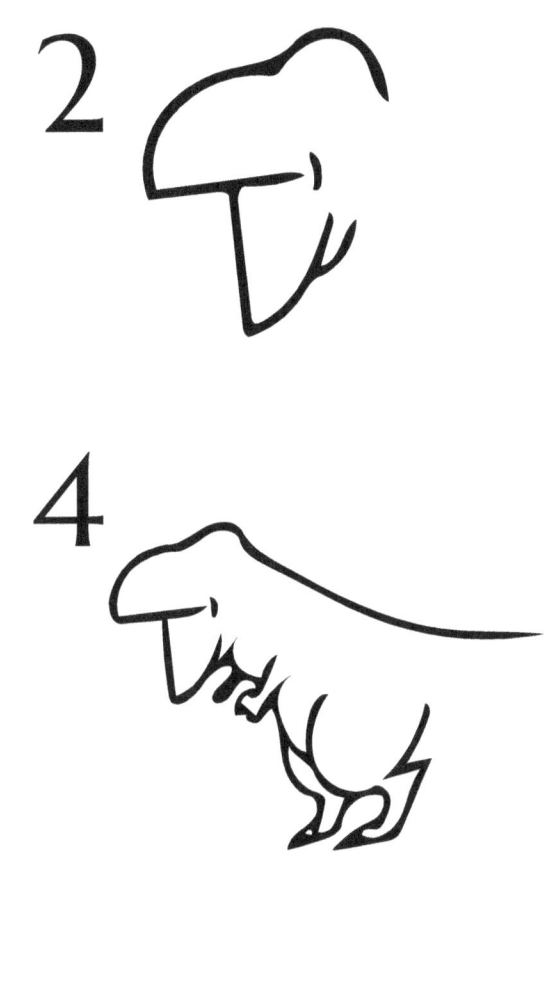

3

4

5

6

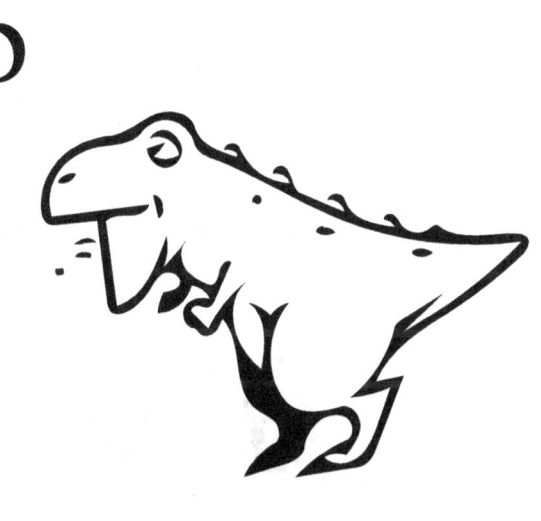

62

1 A

2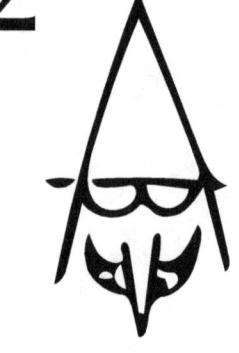

3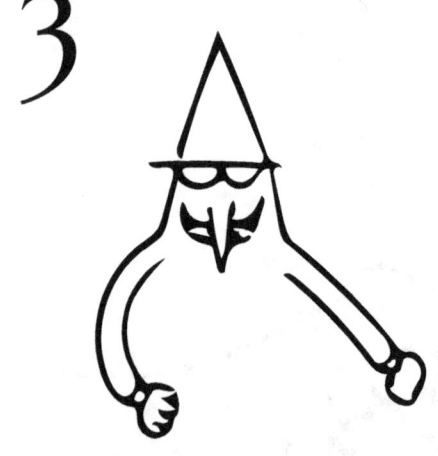

4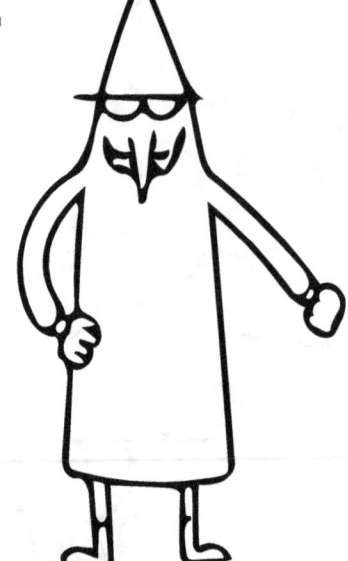

5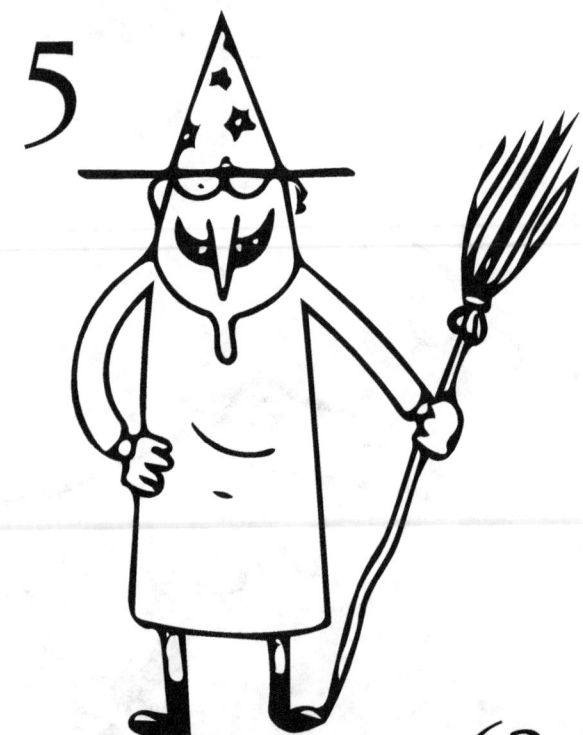

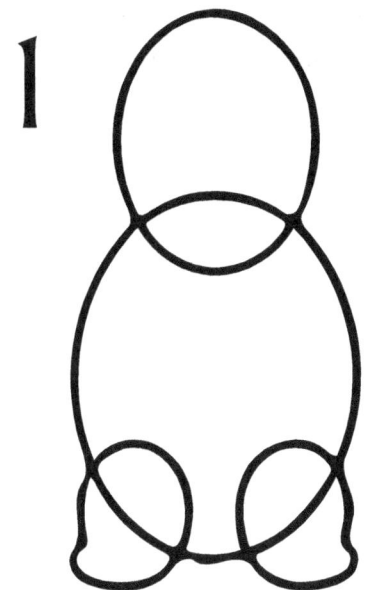

1

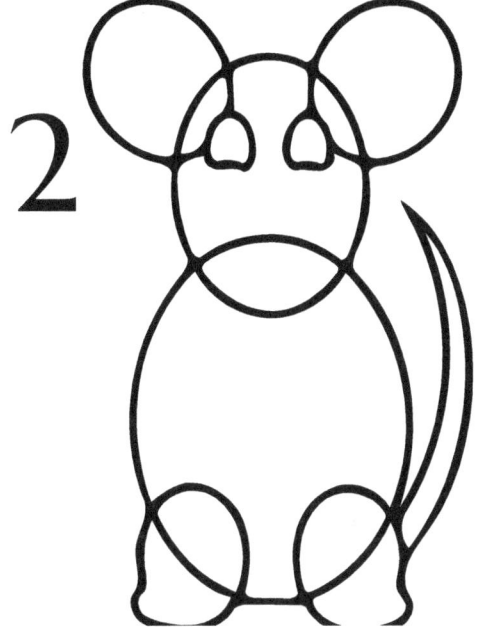

2

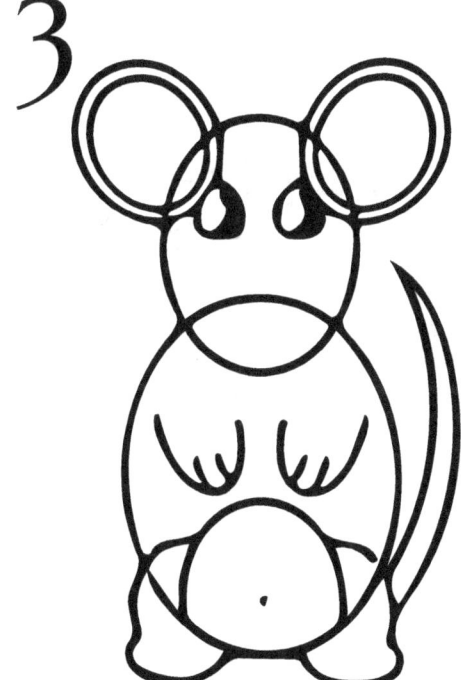

3

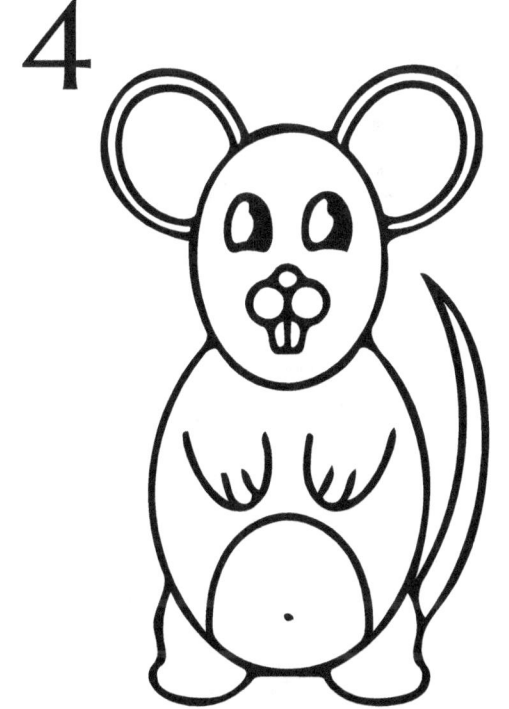

4

64

1 ◯ ◯

FIRE TRUCK

2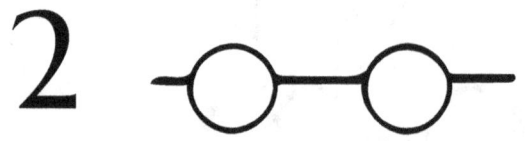

3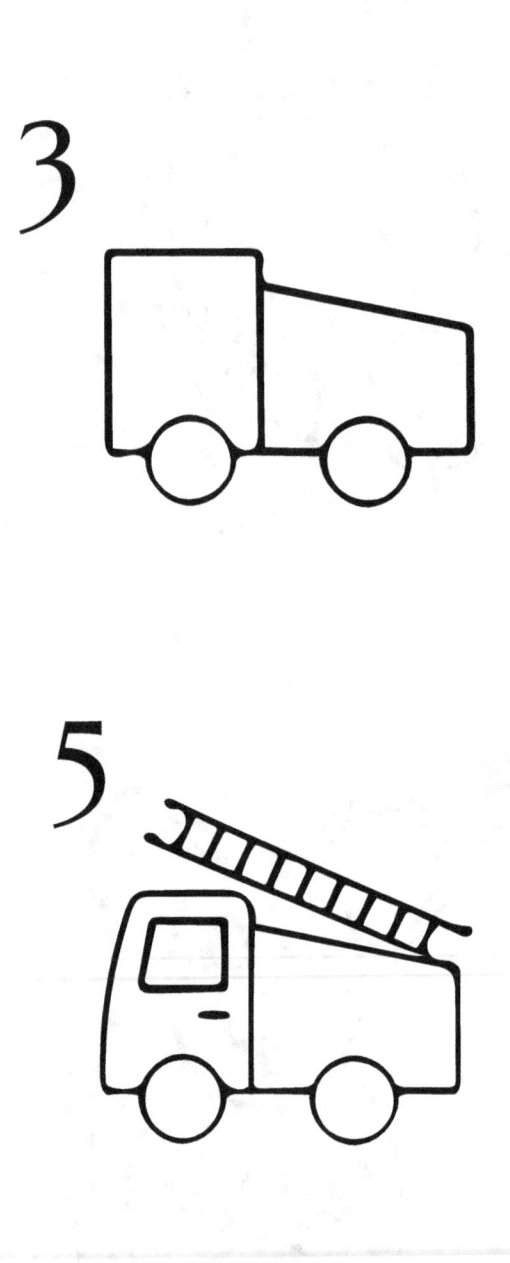

4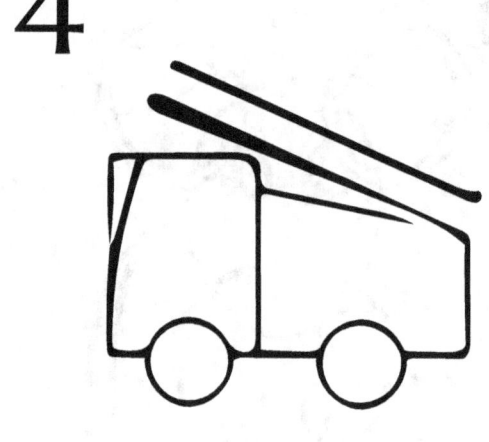

5

6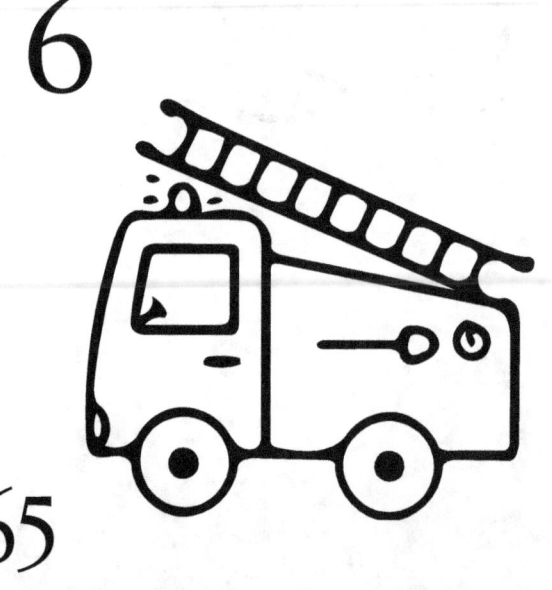

65

1

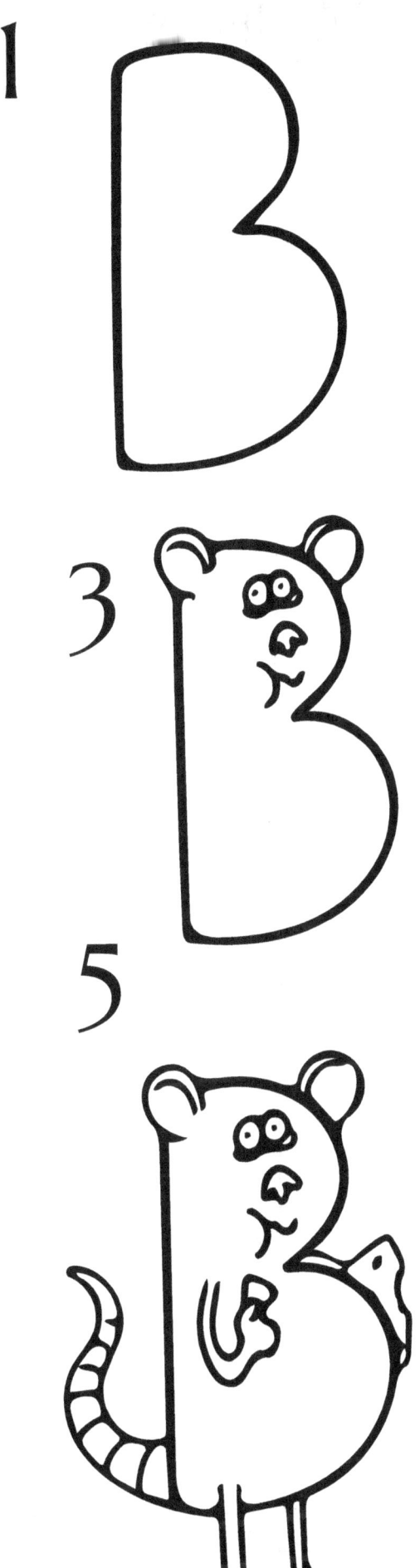

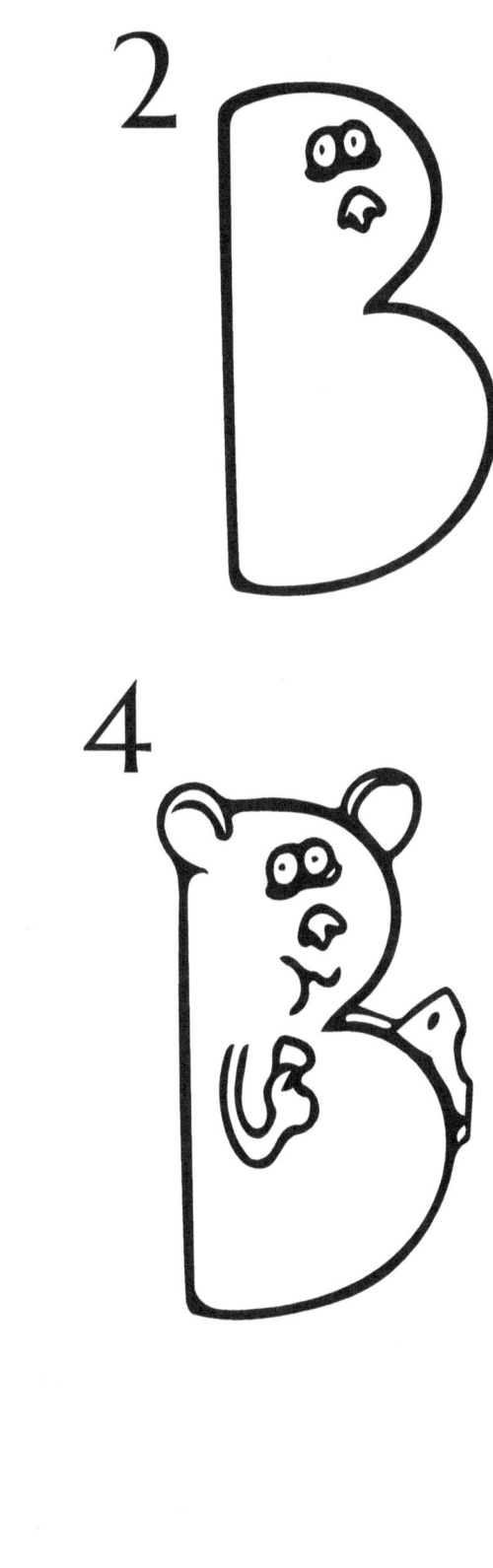

2

3

4

5

66

1

2

3

4

5

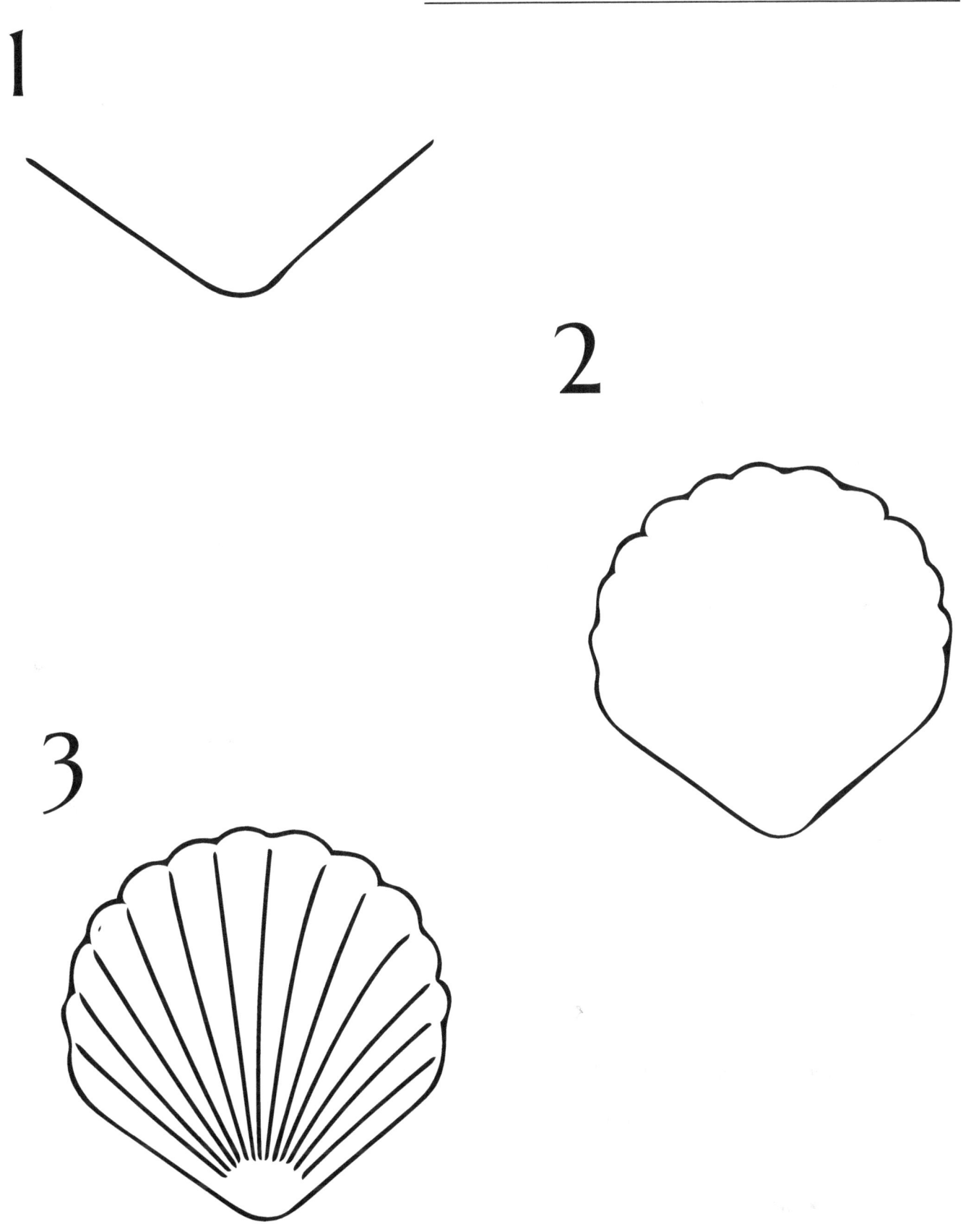

1

2

3

1

2

3

4

5

DIAMOND

1

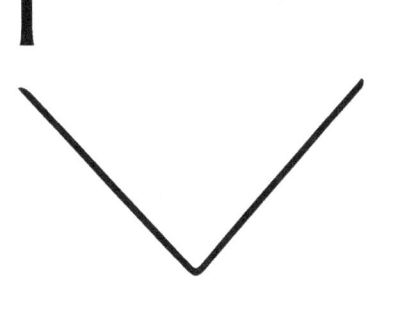

2

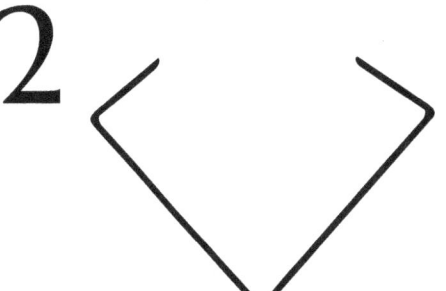

3

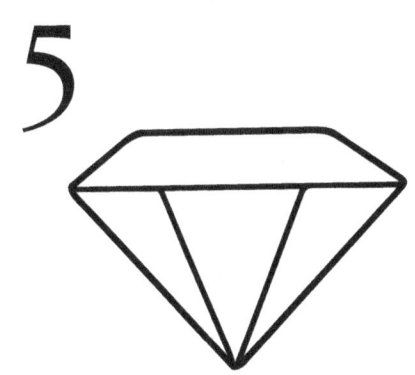

4

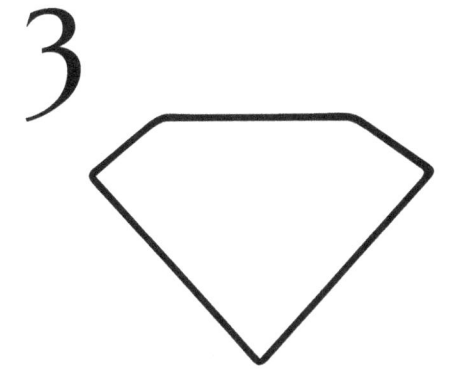

5

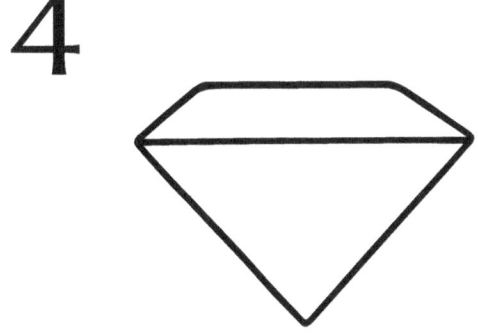

6

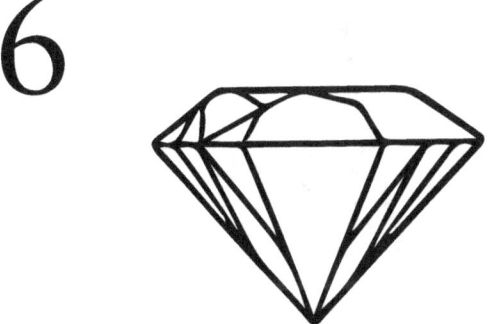

70

1

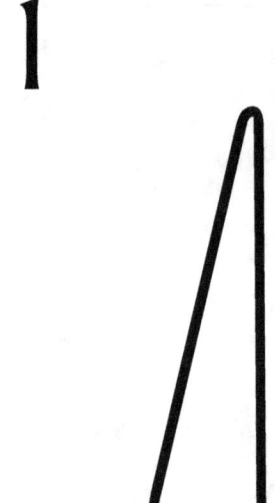

2

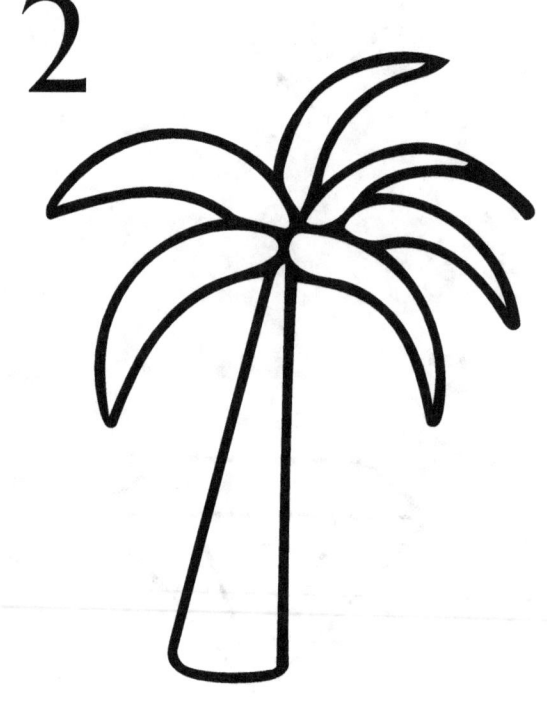

3

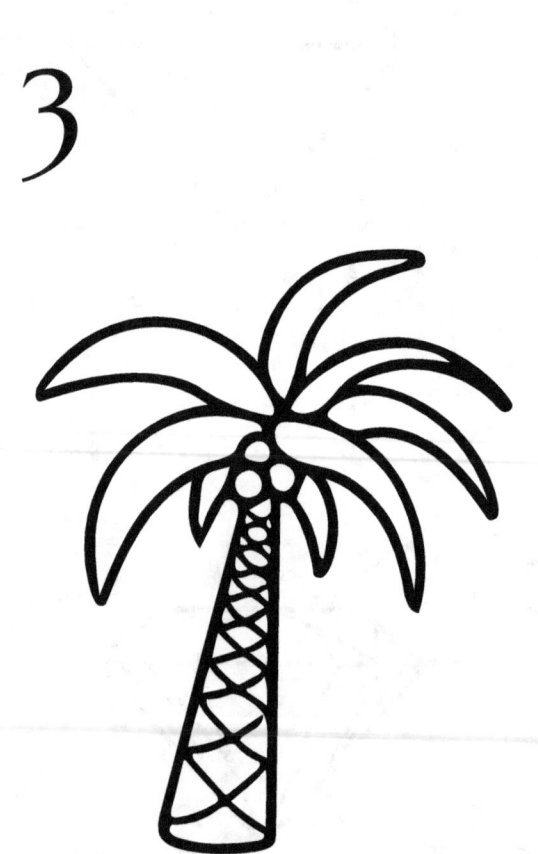

VOLLEYBALL

1

2

3

4

5

6

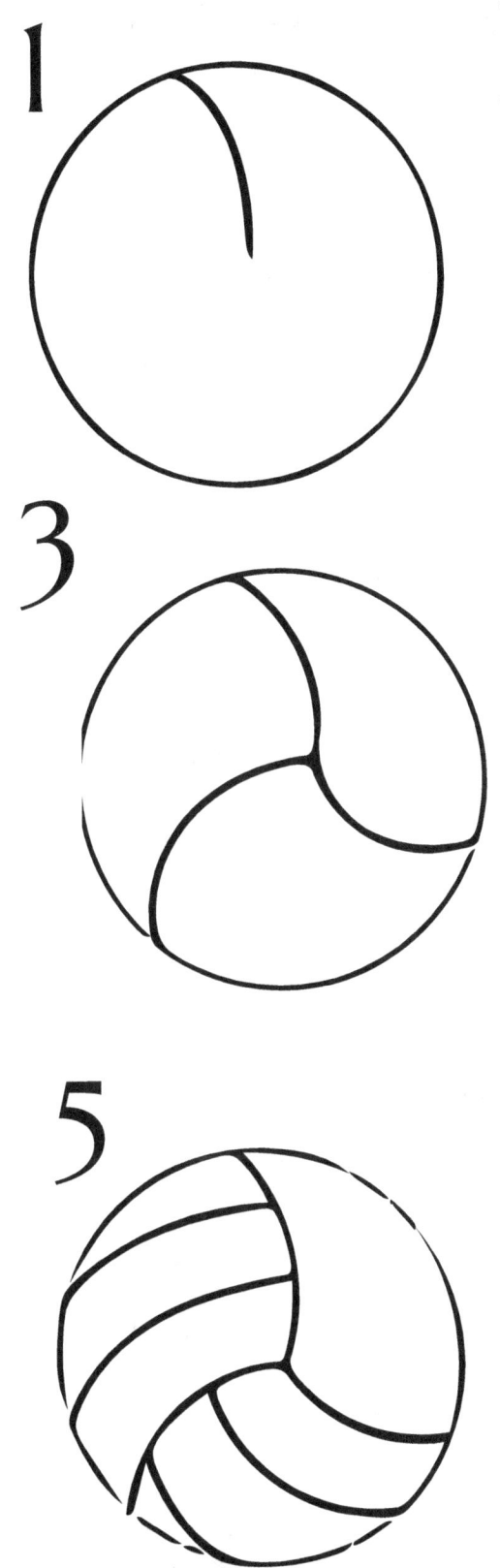

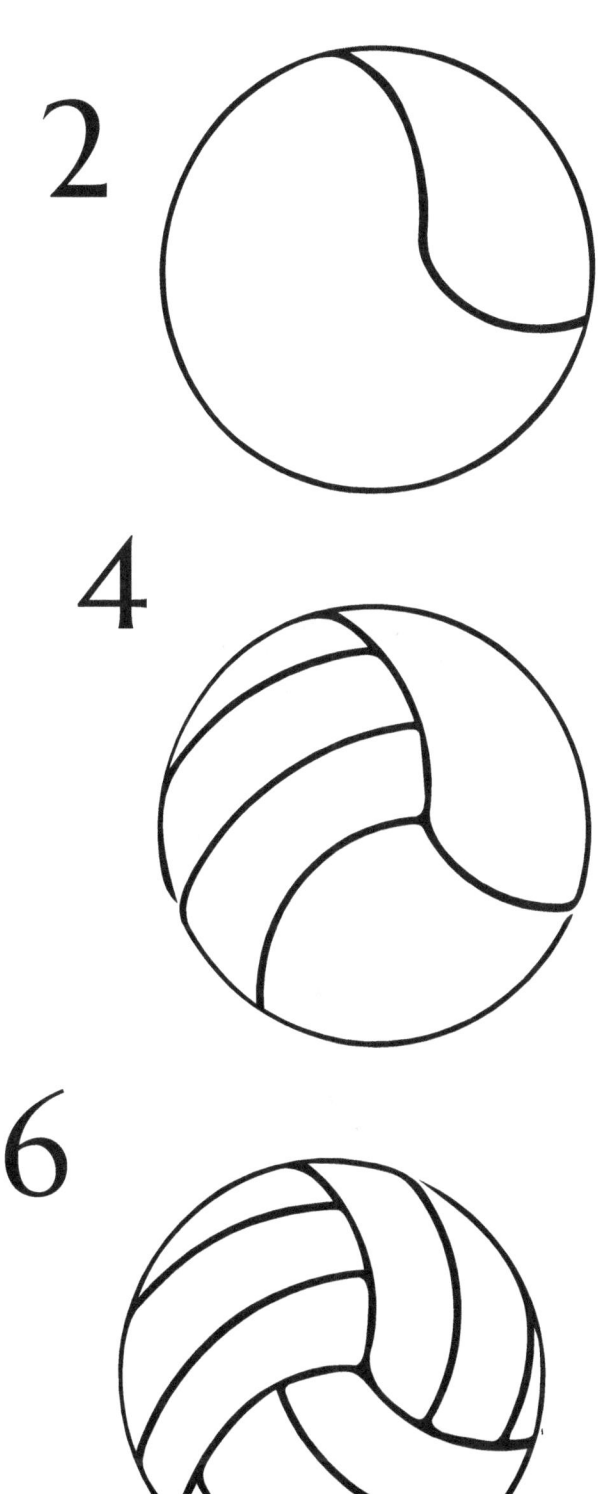

72

MONKEY

1
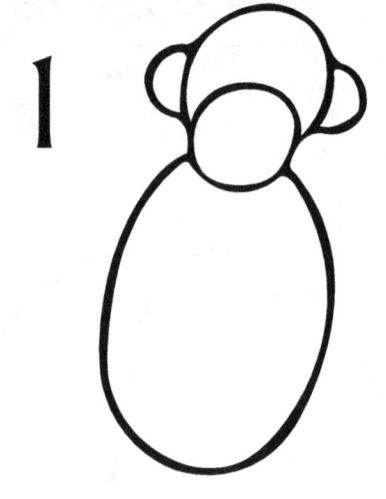

2
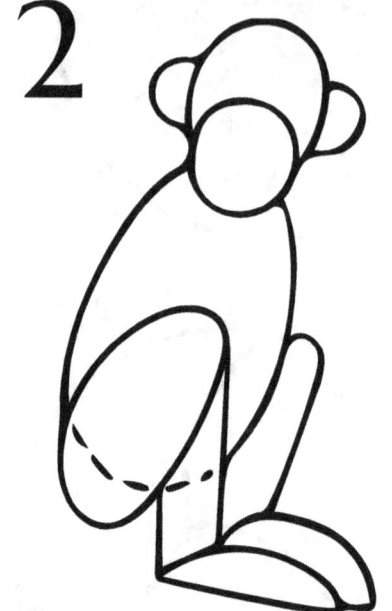

3
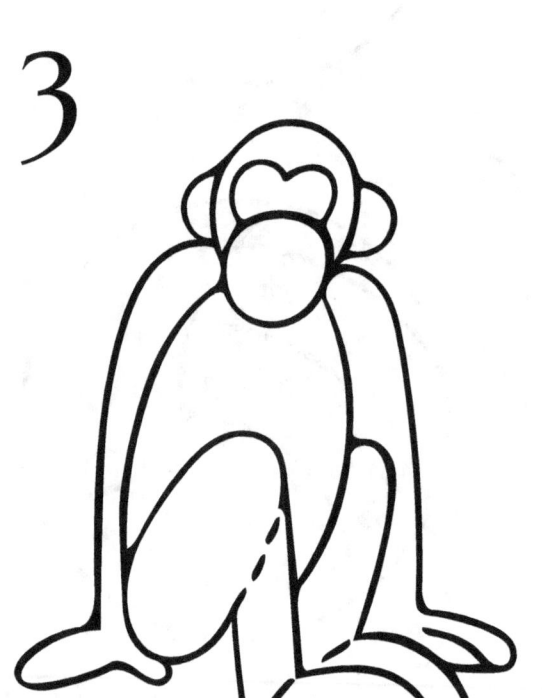

4
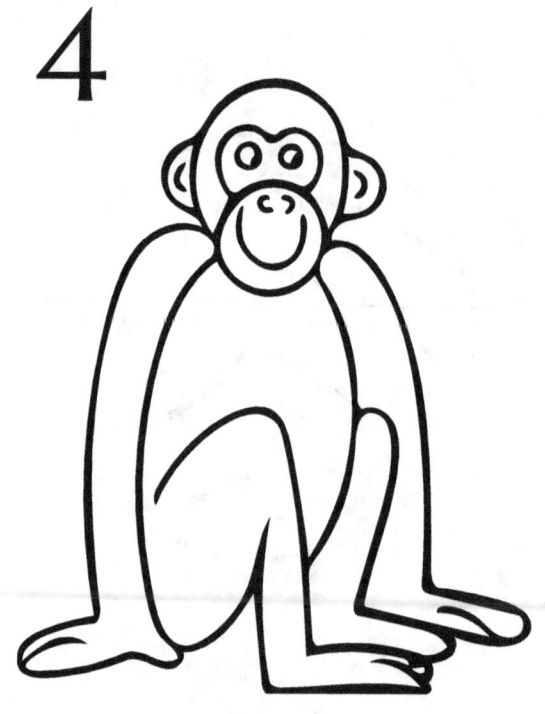

DINOSAUR

1

2

3

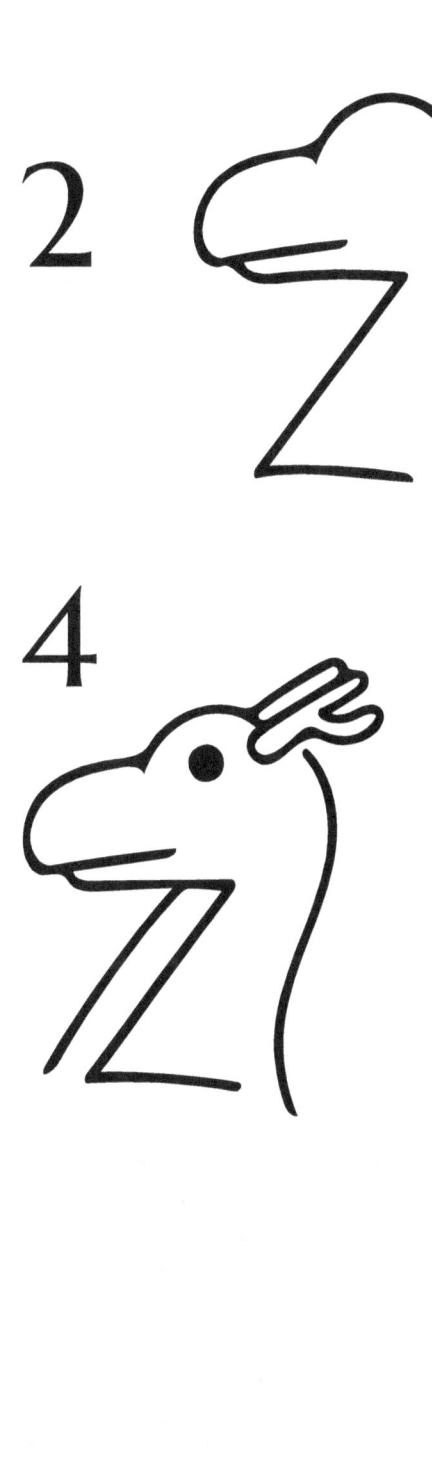

4

5

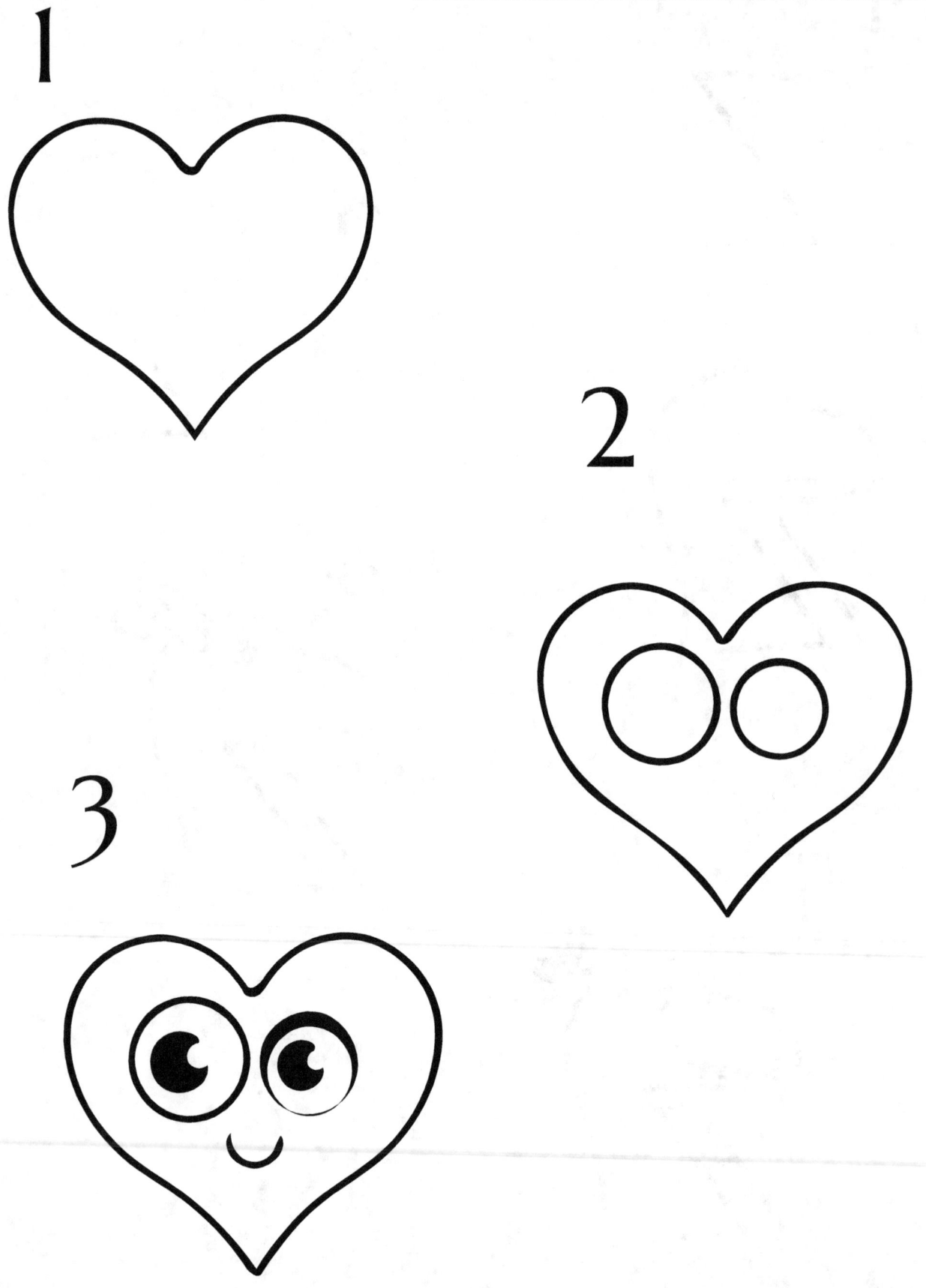

1

2

3

ACORN

1

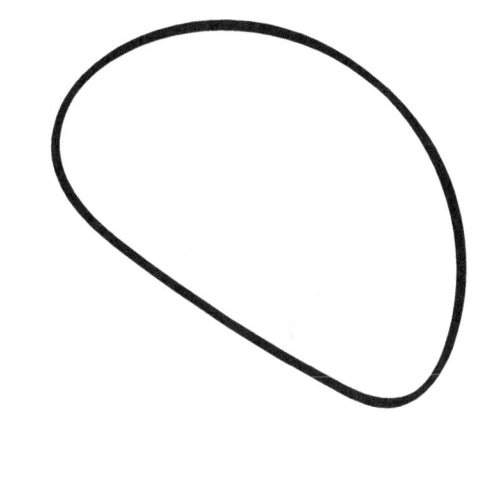

2

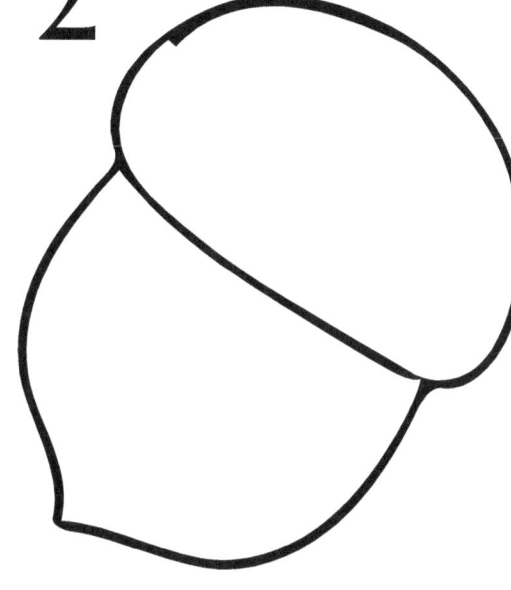

3

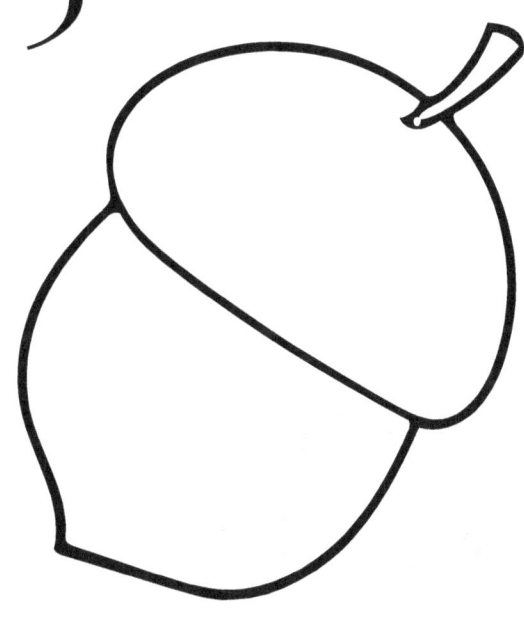

4

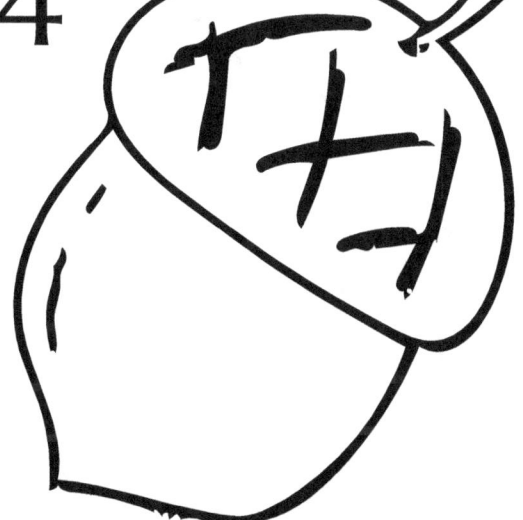

76

1

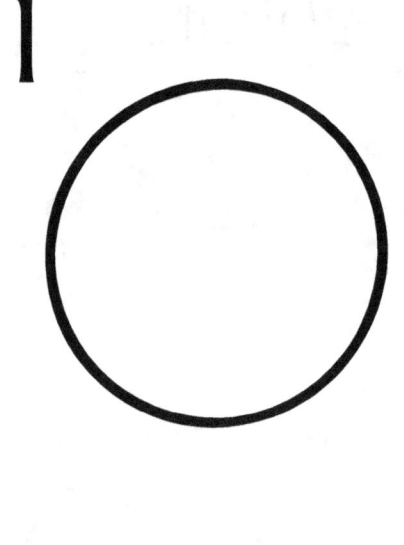

2

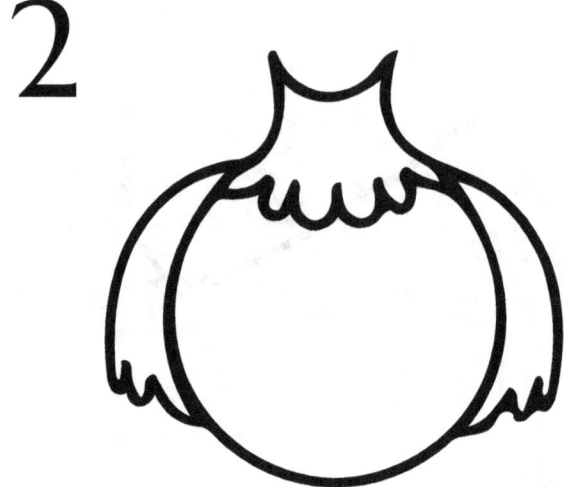

3

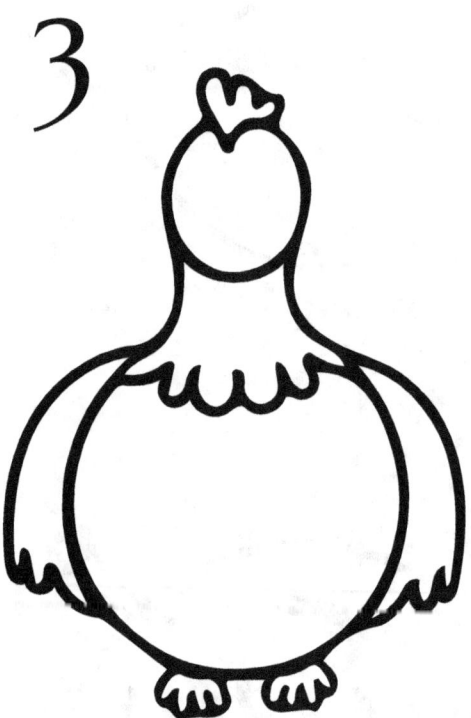

4

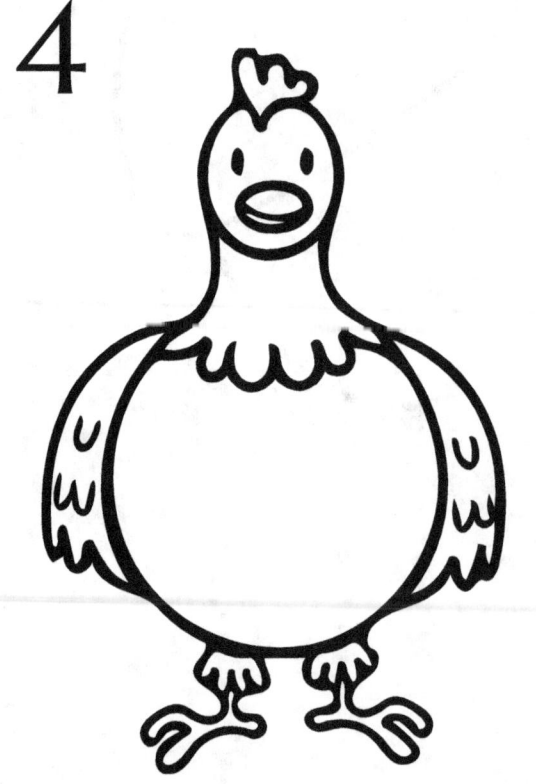

77

SHARK

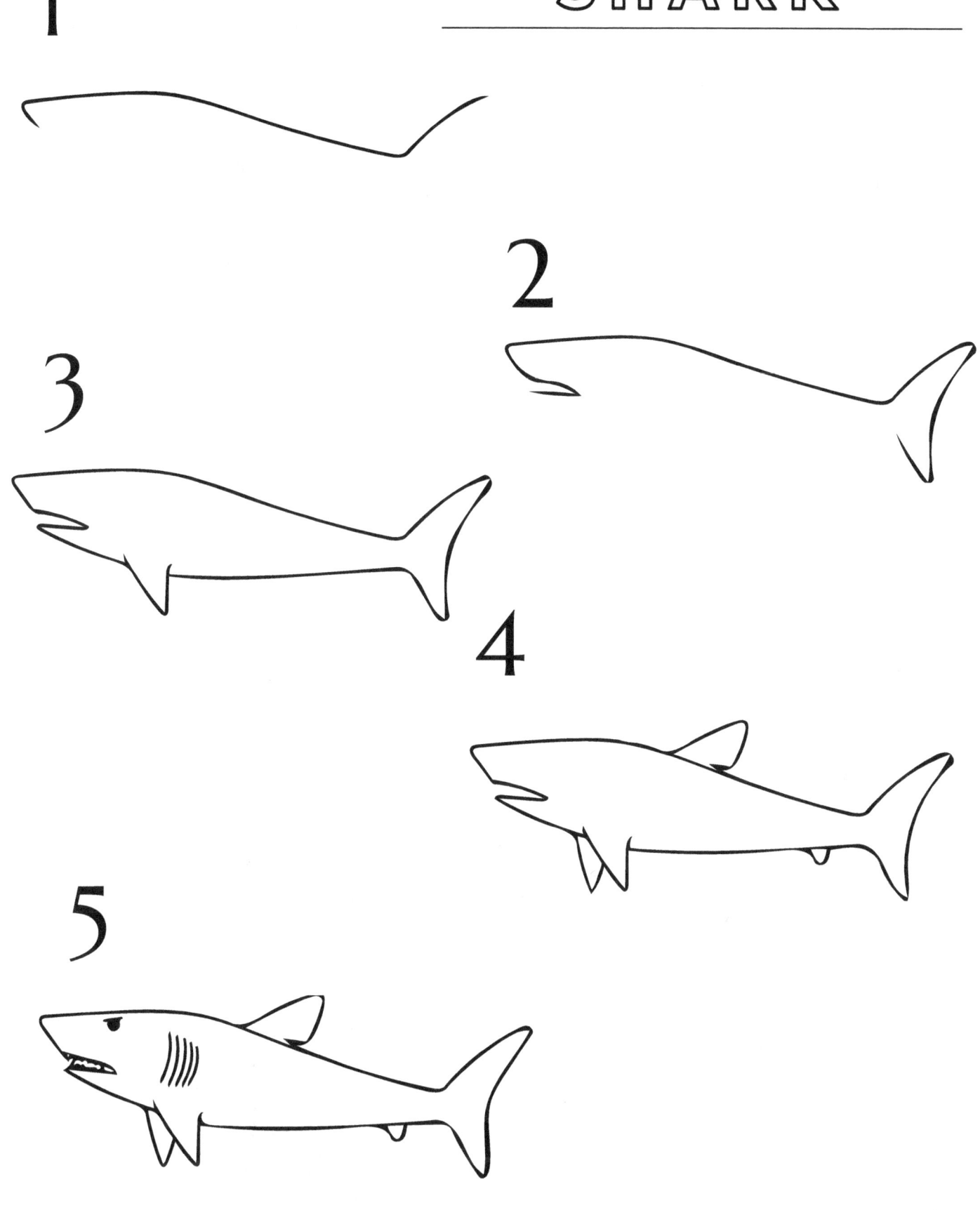

1

2

3

4

5

78

WATER HORSE

1

2

3

4

5

6

PLANE

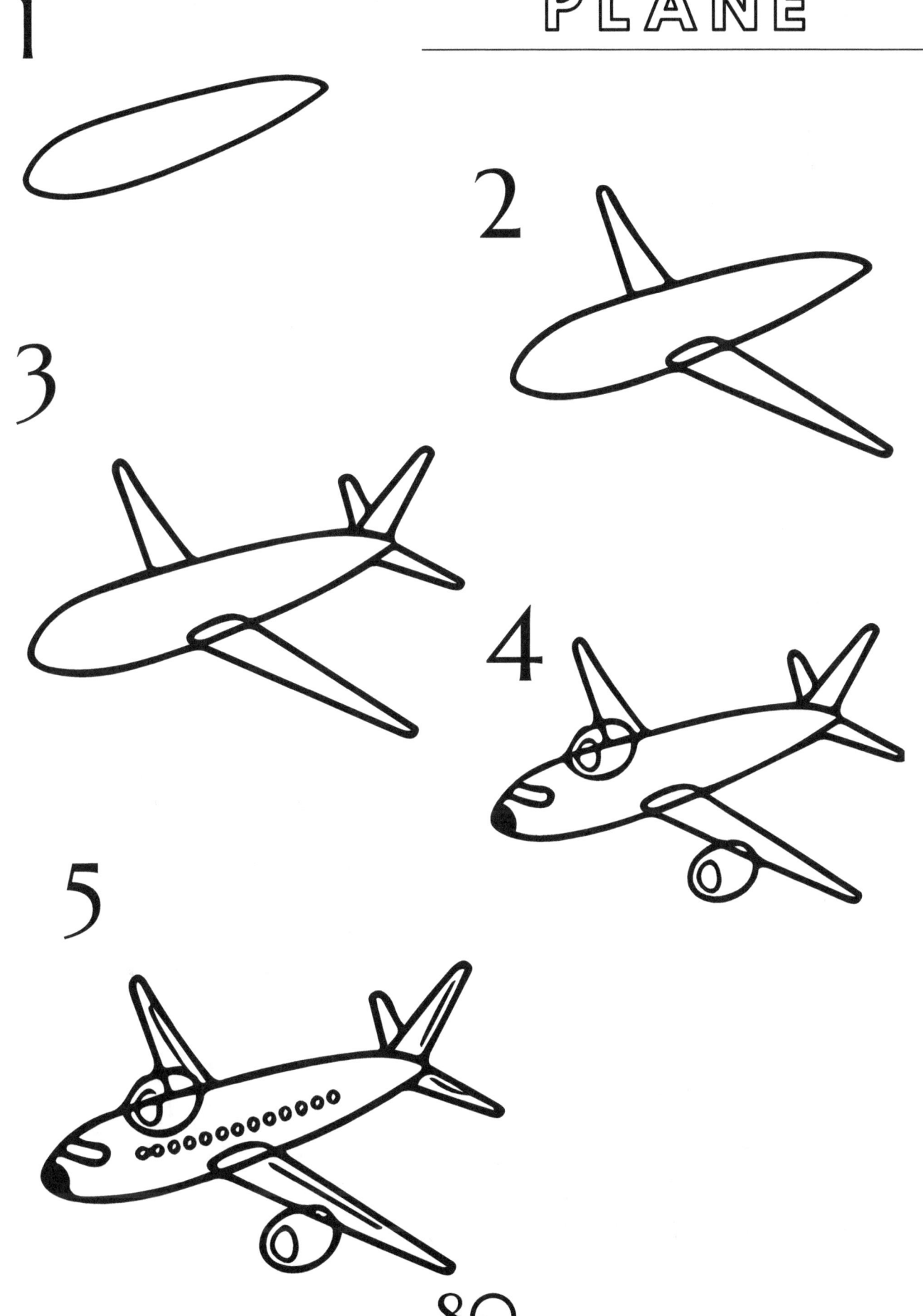

1

2

3

4

5

80

1

2

3

4

5

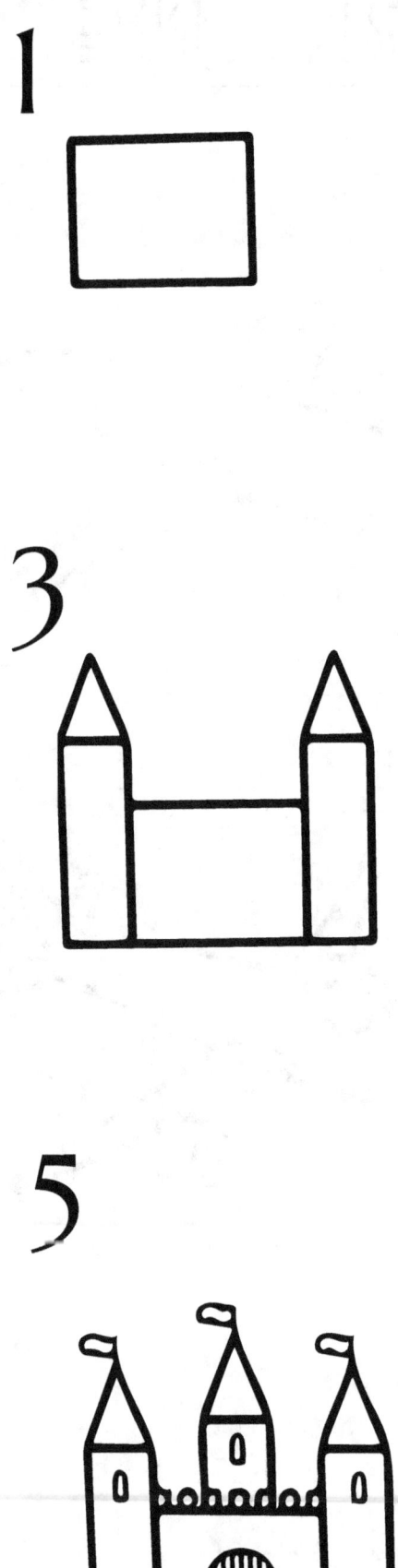
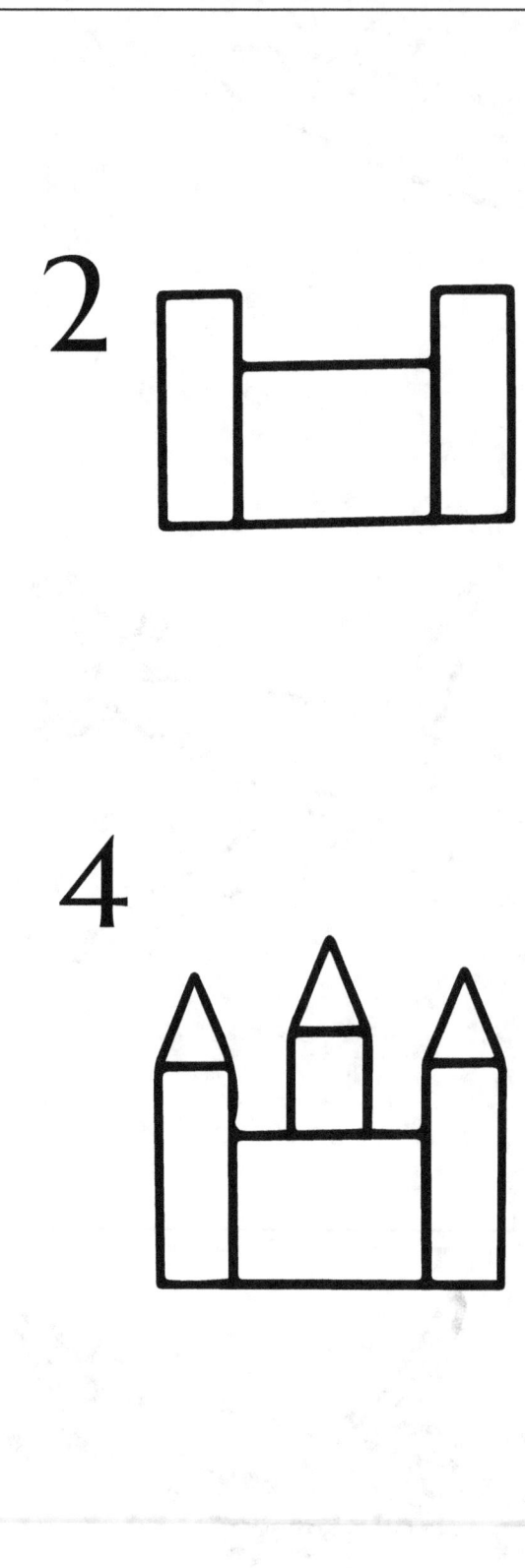

HORSE

1

2

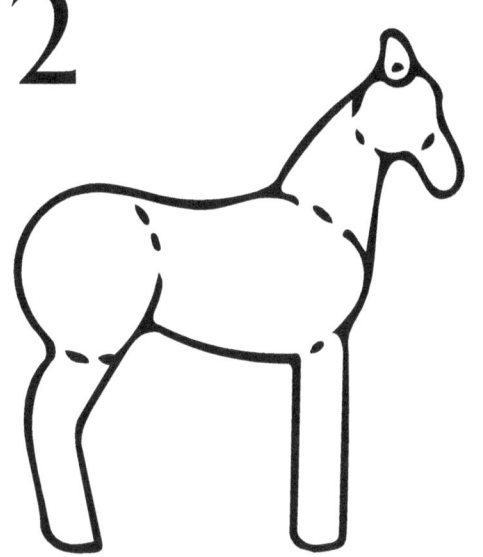

3

4

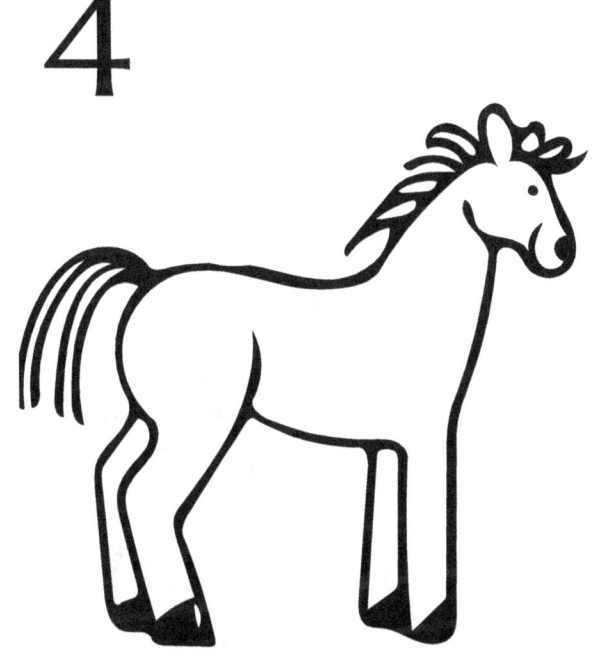

82

1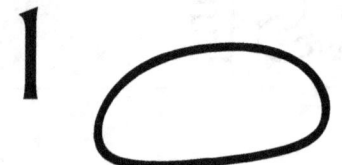

2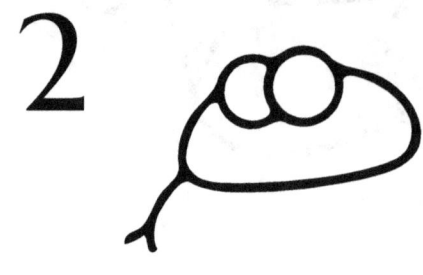

3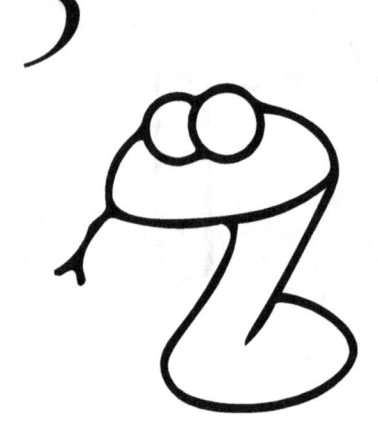

4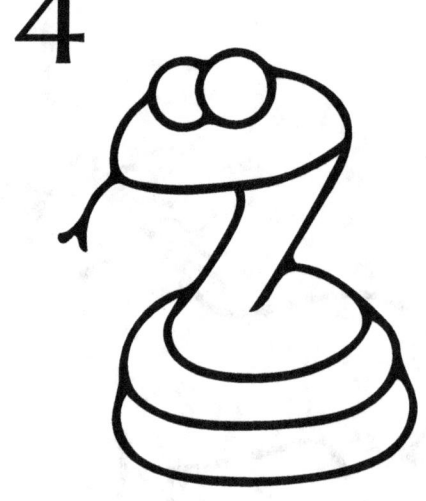

5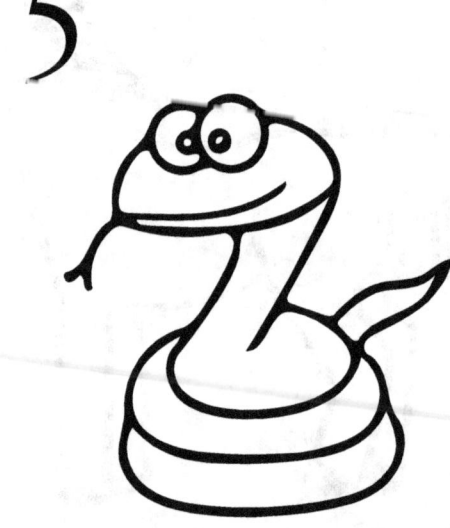

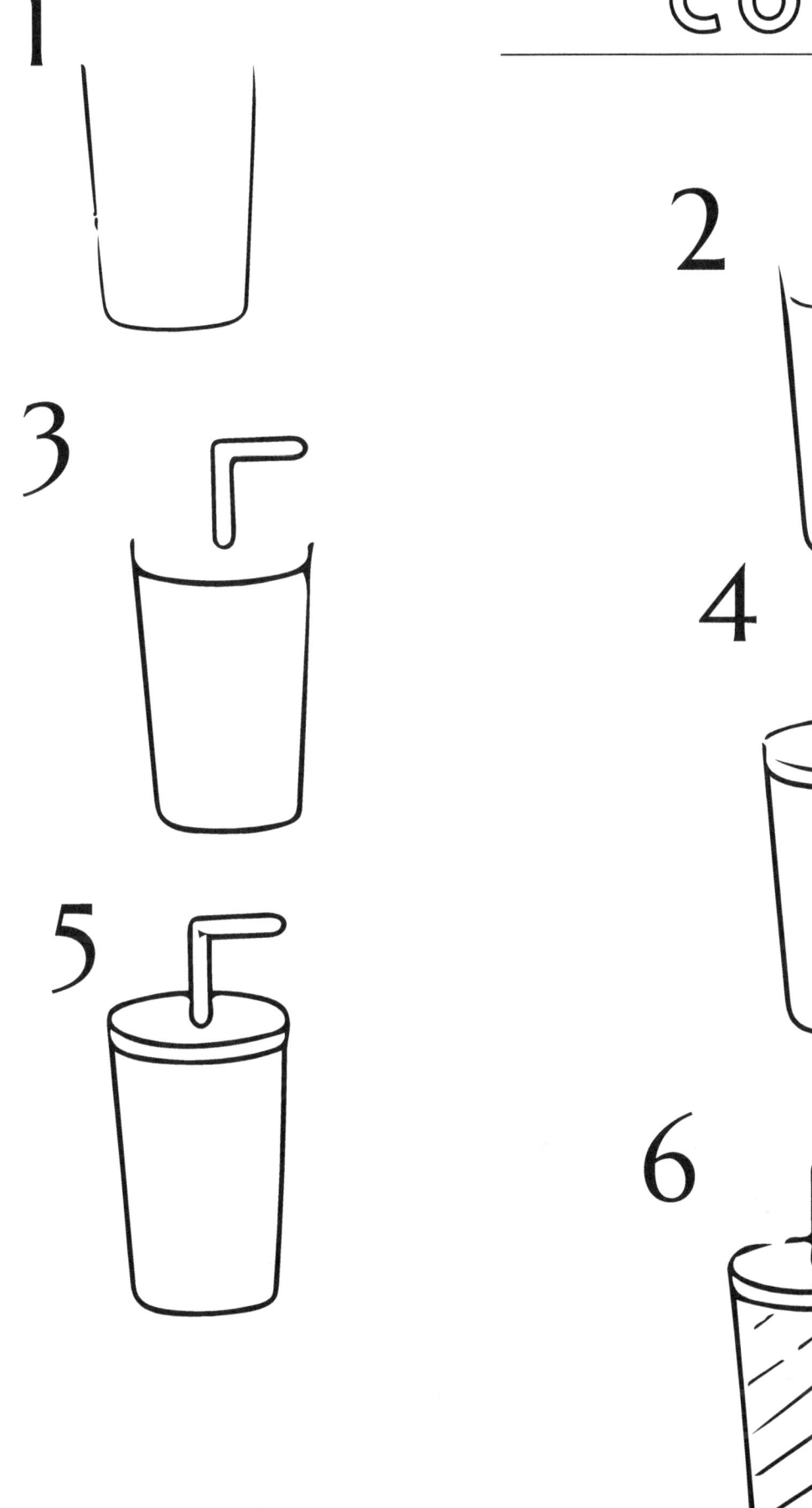

1

2

3

4

5

6

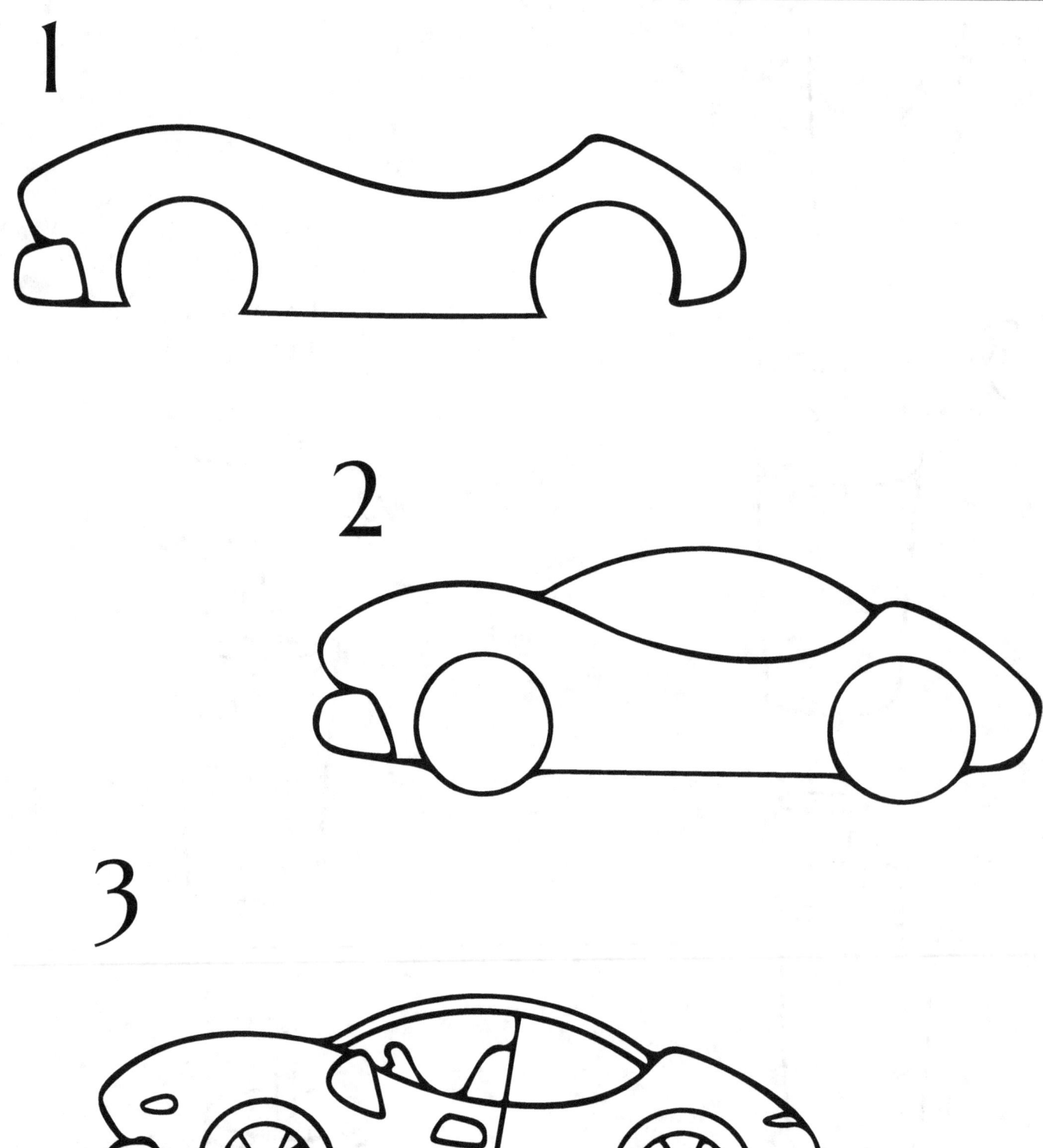

1

2

3

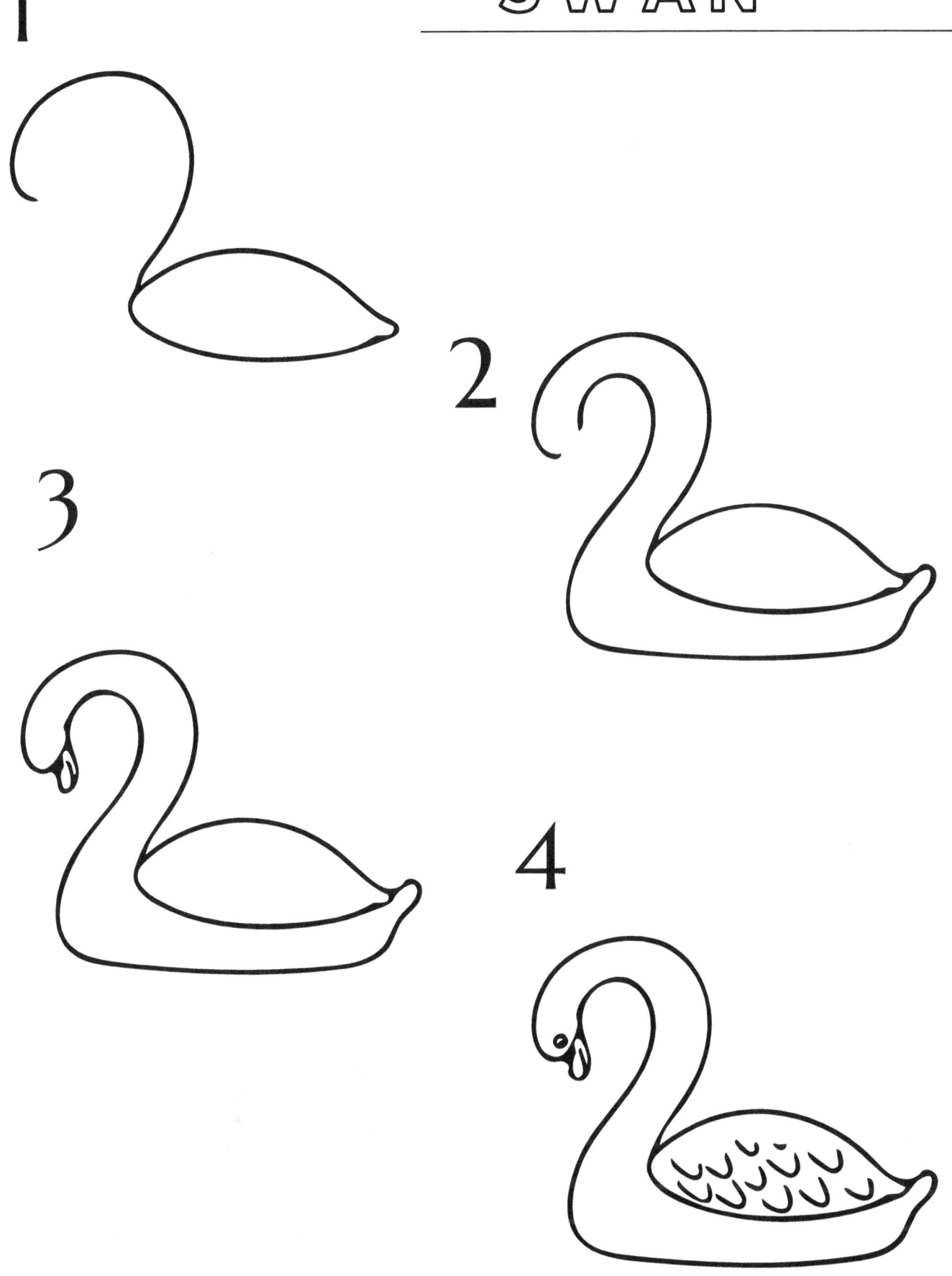

1

2

3

4

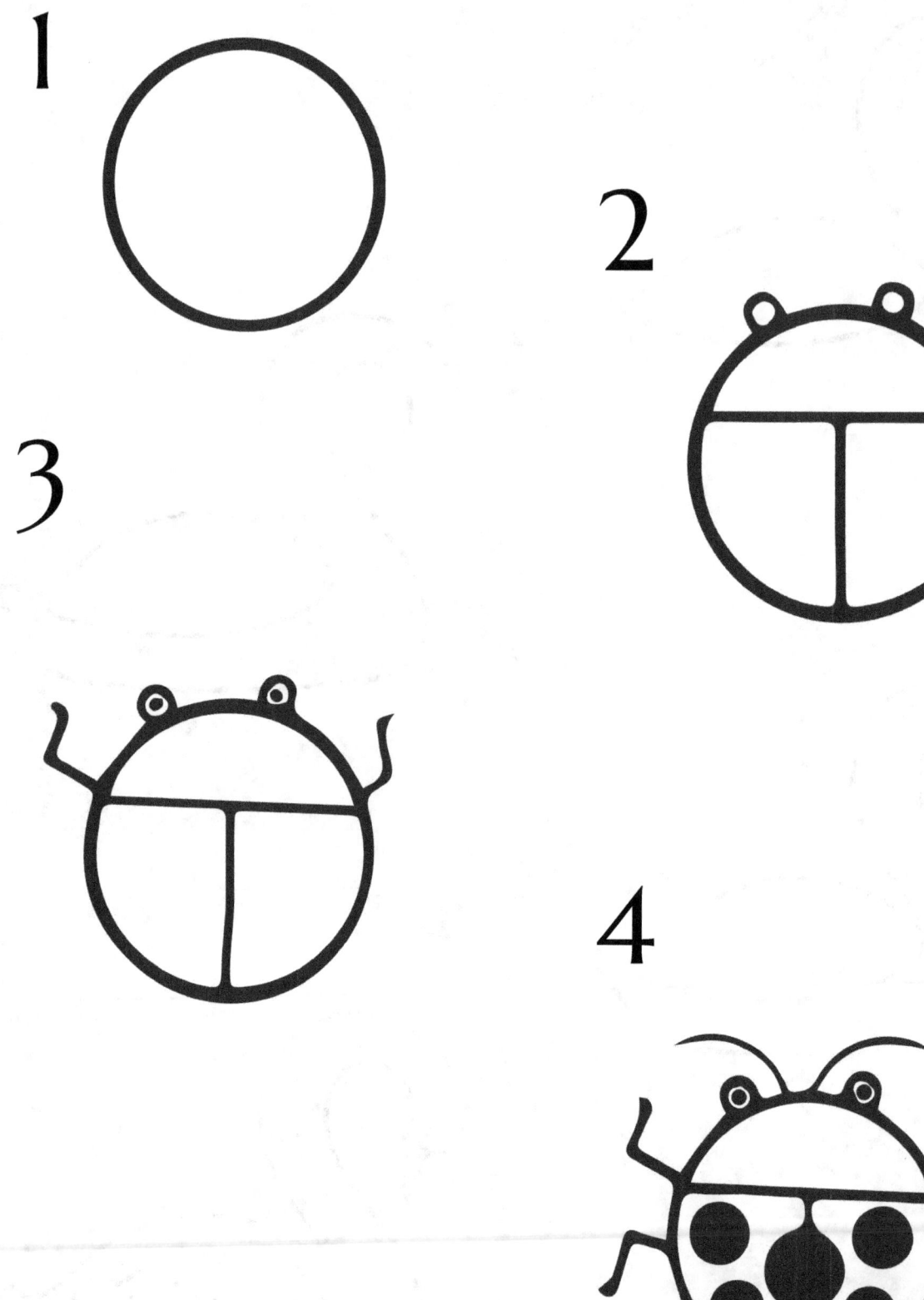

1

2

3

4

1

2

3

4

5

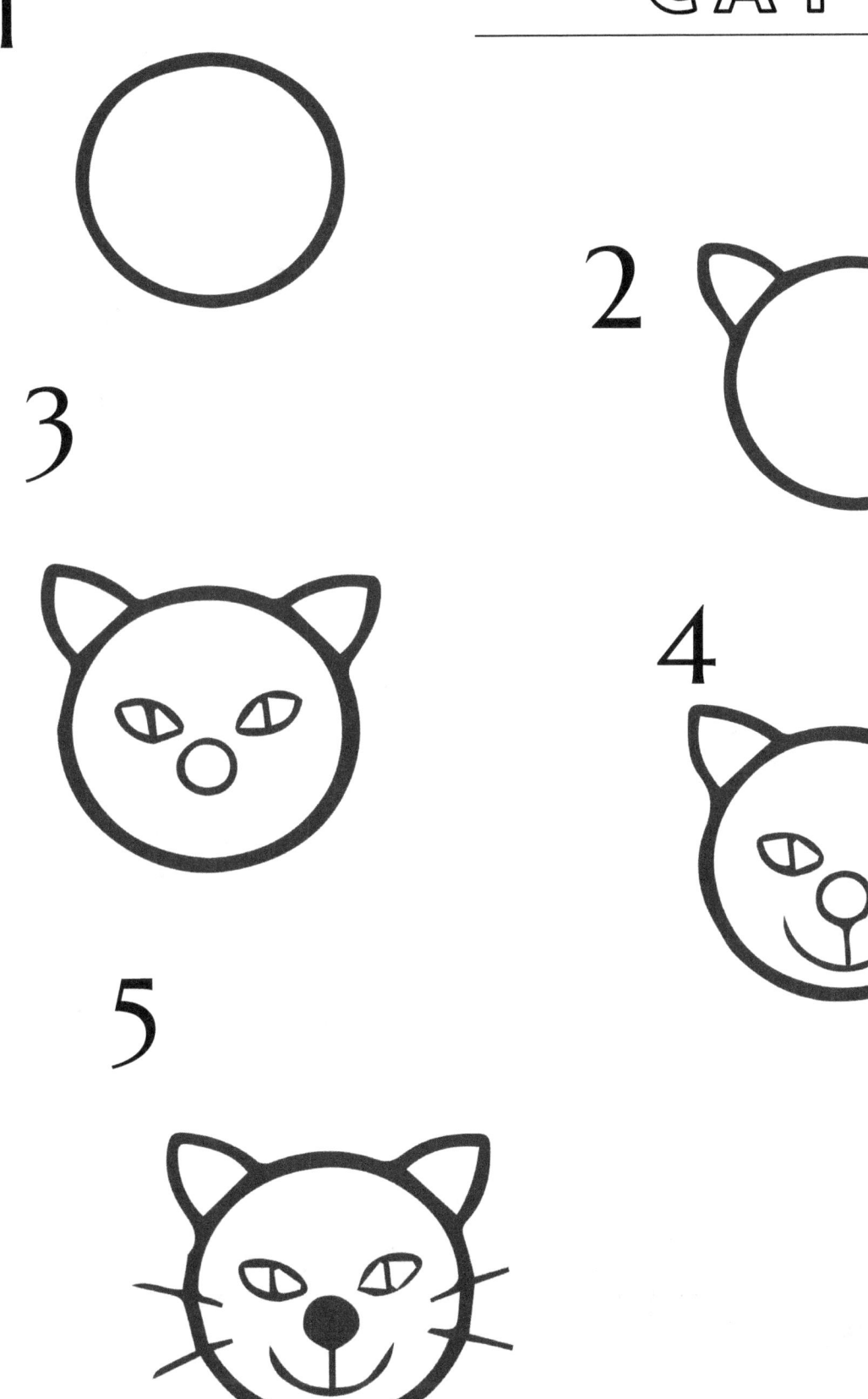

1

2

3

4

5

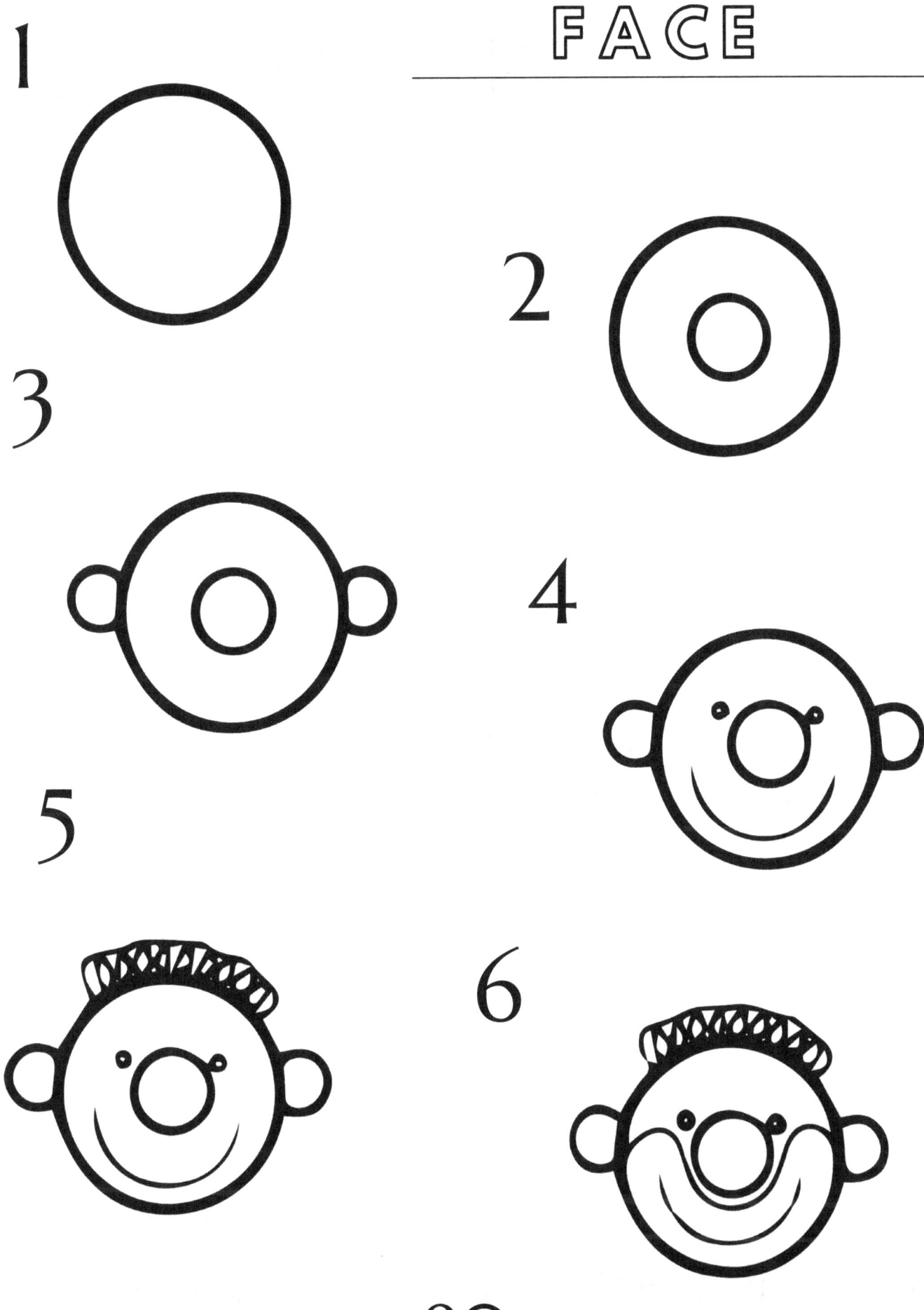

1

2

3

4

5

6

90

ACTIVITY BLACK

If the book How To Draw was helpful for your child please leave your opinion!

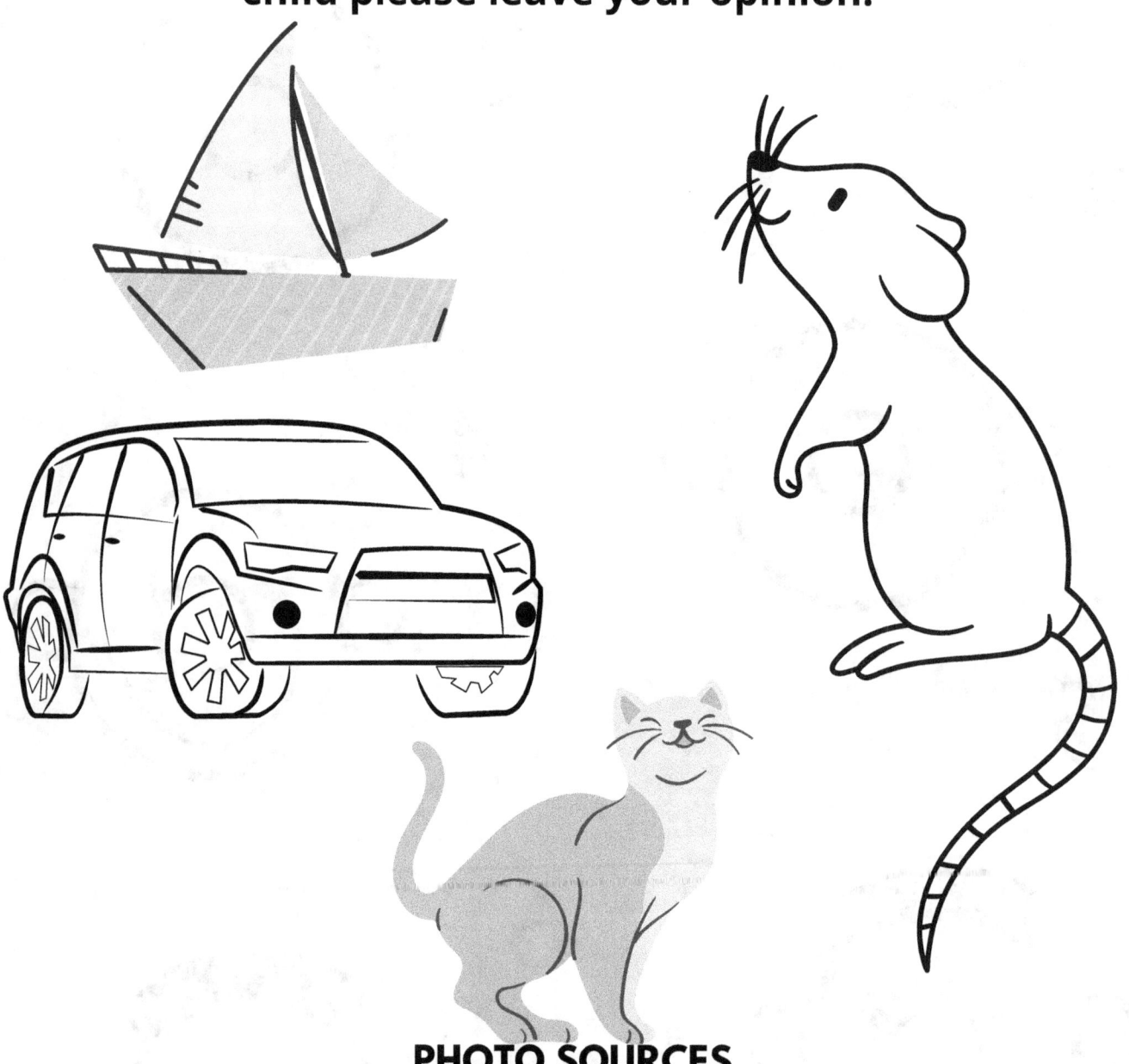

PHOTO SOURCES

- Creative Fabrica
- Freepik
- Adobe Stock

91